每天的生活，都是靈魂的精心創造

You create your own reality.

每天的生活，都是靈魂的精心創造

You create your own reality.

You create your own reality.

每 天 的 生 活 ， 都 是 靈 魂 的 精 心 創 造

賽斯心法7

選擇

——《個人實相的本質》讀書會3

主講——許添盛
文字整理——李宜懃
總編輯——李佳穎
責任編輯——管心
編校——張郁琦
美術設計——唐壽南
版面構成——黃鳳君
發行人——許添盛
出版發行——賽斯文化事業有限公司
地址——新北市新店區中央七街26號4樓
電話——22196629
傳真——22193778
郵撥——50044421
版權部——陳秋萍
數位出版部——李志峯
行銷業務部——李家瑩
網路行銷部——高心怡
法律顧問——北辰著作權事務所
印刷——鴻柏印刷事業股份有限公司
總經銷——吳氏圖書股份有限公司
地址——新北市中和區中正路788-1號5樓
電話——32340036　傳真——32340037
2020年1月1日　初版一刷
售價新台幣350元（缺頁或破損的書，請寄回更換）

ISBN 978-986-97920-5-9
賽斯文化網站http://www.sethtaiwan.com

Choices: Introduction to " The Nature of Personal Reality "Vol. 3

選擇

《個人實相的本質》讀書會 3

許添盛醫師◎主講
李宜懃◎文字整理

關於賽斯文化

發行人 許添盛醫師

我是個腳踏實地的理想主義者。賽斯文化，是為了推廣賽斯心法及身心靈健康理念而成立的文化事業，希望透過理性與感性層面，召喚出人類心靈的「愛、智慧、內在感官及創造力」，讓每位接觸我們的讀者，具體感受「每天的生活，都是靈魂的精心創造」（You create your own reality）。我們計畫出版符合新時代賽斯精神之書籍、有聲書、影音商品及生活用品，並提攜新進的身心靈作家，致力於賽斯思想及身心靈健康觀念的推廣，期待與大家攜手共創身心靈健康新文明。

選擇

《個人實相的本質》讀書會3

Choices : Introduction to " The Nature of Personal Reality "Vol. 3

目錄

第21講 關於賽斯文化

21-1——精神病症是不成熟的潛意識，想幫助可憐的自我意識所顯出來的現象 014
如果讀不懂賽斯書，只是自我意識不懂，持續努力終究會豁然開朗 015

21-2——我們是否打從內心呈現出對生命的喜悅？還是經過後天的扭曲而自我防衛？ 017
走上身心靈的道路能幫助我們成為「真正的自己」 019
修行是回到本來的自己，拾回天生喜悅的感覺，重建人與宇宙的關係 021

21-3——只要愛的能量充滿了每個細胞，再嚴重的病當下都會好起來 024
愛來自我們與內我的連結，從心中滿溢出來的一種能量 025
生病是提醒我們要回到真正的自己，找回真實的感受 027

21-4——鏡頭是自我，照相機是全我，鏡頭早晚要覺察到自己是照相機的一部分 030
理性必須和內在的直覺、衝動交互運用，人生才能美滿 031
賽斯心法的心理治療訣竅：先肯定個案，才會出現治療契機 033
如果看到別人看不見的東西，那東西可能來自異次元或自己恐懼的投射 036

第22講

22-1——只要每個人呈現自己的生命，就能增益宇宙存在的品質 040
神奇之道是達成目標最簡單實際的方法，也是每個人的生活之道 042
身體是喜悅的，也是萬事萬物神奇的一部分 044

22-2——膝關節退化是由於承擔生命重擔的壓力，一定要回到生命喜悅的本質 046
人是因自己的概念而創造實相，思想建構到哪裡，生命就建構到哪裡 047
自認為無足輕重的老年人骨質會流失，追求生命意義能預防骨質疏鬆 049

22-3——信念和情緒是影響一個人一生的重要關鍵 052
若想改變信念，得先轉換情緒 053
父母管教子女時，若孩子不知道自己錯在哪裡，會累積憤怒而遷怒他人 055

22-4——每個人都要自在地調整情緒、改變信念，才能創造實相 057
處於好情緒時，若能拔除負面悲觀的壞信念，生命會進到不同的境界 058
採取不一樣的情緒和信念看自己，就會踏上一場自我創造之旅 060

22-5——人類陷入水深火熱時，一切萬有會派使者捎來鼓勵和安慰的訊息 063
幻聽能幫助當事人看清楚內在的潛意識 064

第23講

23-1——即使目的崇高，若採取的手段配不上目的，結果也是枉然 068
恐慌症會伴隨著生理上的現象和心理上的害怕 069
人的自我往往奮力向外衝，忽略了向內看，一碰到困境就會恐慌不安 071

23-2——創造力十足的靈魂若在物質世界受委屈，無法為熱情而活，就寧願不活 073
靈魂來到人間是要打破現實，以彰顯靈魂的創造力和高貴的品質 076
23-3——自我為了對準當下的時空窄化焦點，但要適時散焦以免失去彈性 078
自我必須輕輕放下，不能過度緊張，才不會陷在物質世界的監獄中 080
認清自己的自我恐懼模式，用簡單而深厚的信心將其一點一滴瓦解 082
23-4——核心信念要適時調整，過於僵化會錯失很多實質經驗 084
23-5——時間是雙向的，為了讓未來的事情發生，才回到現在創造發生的基礎 087
觀點無分對錯，學會用不同的觀點看事情才能擴大自己的覺察角度 089
23-6——先將自己杯子裡的水倒空，拿掉過去的觀念才能虛心學習 091
思想越不受到制約，越能過著快樂自在的人生 092

第24講

24-1——賽斯書是由不具肉身的賽斯，透過地球上肉身的自己（魯柏）完成 096
24-2——我們隨時都可以在生命的每一瞬間喊暫停 099
學會喊暫停就能進到無限的內在世界，讓心靈得到滋養、智慧、愛 101
做心理時間練習會覺得神清氣爽，獲得額外的能量，且療癒疾病 104
24-3——核心信念源自於過去已發生的經驗，或可能發生而未曾發生的經驗 107
要隨著時間將曾深植於潛意識的信念汰舊換新，再植入新信念 110

24-4 疾病和貧窮是自我懲罰的結果，認定自己有福氣才會過富足的生活 112
開始用自由聯想而非純理性邏輯的方式思考人生 115
24-5 沉浸在負面思考或不喜歡的情緒裡，首要之務就是接納自己 117
若能接受與自己一百八十度完全相反的人，代表人格整合度沒問題 119
24-6 對自己的每個起心動念必須清楚明白 122

第25講

25-1 種什麼信念到潛意識，就會透過身體顯現出來 126
25-2 夢境裡念頭一來馬上實現，在物質實相臨時變卦還來得及 129
每個人都會找到運用賽斯心法的模式，進而實現自我的理想 130
25-3 隨著歲月、智慧、學習，逐漸將信念汰舊換新，生命才會自在 133
信念思想有如家具，有些需要汰換，有些會歷久彌新 135
那些童年時曾激勵自己奮發向上的信念，要在成功後適時調整 137
25-4 自認為「丟不掉某個意念」的人，必須瞭解這個想法本身也只是信念 140
一個信念不會單獨存在，會跟其他信念相連成信念群 142
25-5 不同的稱謂，對不同的人會展現出不同的形象 145

第26講

26-1 賽斯認為眾生平等，每個人都應該去追求自己內在的神性 148
科學昌盛，但人類的心靈與大自然脫離，導致諸多疾病 150

26-2——金字塔代表整個埃及文明的傳承，也代表了所有人靈性上的來源 152
一旦找到內心的新精神導引，就能遵循內心的聲音，建立生命方向 154
26-3——相信理想與現實不衝突，內在就會帶出符合現實又能創造理想的力量 157
地球上的人和生物集體不快樂，我們要從內在幫助所有人和大環境 158
26-4——每個人都是宇宙中神聖且獨特的個體，不必拿自己與其他人比較 162
很多事情我們都要先假設自己知道，透過開發潛能開啟內在的能力 165
26-5——不要去做事情，讓事情本身來幫助你 167
透過心的相信，會在頭腦層面創造出讓頭腦相信的實質證據 169

第27講

27-1——先建立信心，運用神奇之道，相信自己自然而然會達到期望 174
想像力就是最偉大的方法，若想達成目標，信念與想像力必須一致 176
27-2——若想達成目標，宇宙會幫忙想辦法，但等方法出現自己仍需採取行動 178
27-3——孩子從小在無形中默認父母的信念，直到意識心能自己推理判斷為止 182
人沒有理由被孩提時的信念綑綁，生命隨時能改變方向，插入新能量 184
27-4——罪與罰的概念成了現今世界的亂源，其實人的本質就是神聖 187
要用愛餵養身上的細胞，自我譴責只會讓細胞反抗而生病 188

第28講

28-1——心想事成實例分享 192

28-2——自己並沒有受到限制，每個人都可以選擇自己要的生活 194
對精神病患的家屬而言，要承擔的後果比癌症更痛苦 196

28-3——畫家藉由畫筆和顏料作畫，我們運用思想和情感彩繪出人生 199
每個痛苦的背後，一定代表一個無法轉圜自如、過度執著的思想 201

28-4——自殺的人不會下地獄，會在另一個世界接受特殊心理輔導，繼續學習 203
在人生中要活用各類思想創造實相，永遠拿小楷毛筆寫大字就會痛苦 206

28-5——立場無分對錯，每個人都是站在自己的觀點往外看 208
先拿掉自己的思想觀念，才能以對方的思想觀念理解他的行為 210

28-6——每個人的人生觀只適用在自己身上，不能套用在其他人身上 212

第29講

29-1——停止用自己的價值標準看待別人，或強加在別人身上 216
父母不給孩子選擇的自由，孩子就學不會為自己的人生負責 218

29-2——長時間的孤單淒涼感，多半是來自孩提時父母灌輸的不當信念 221
教導孩子受傷不代表危險，而是安全，因為下次更小心就不會再受傷 224

29-3——卜卦擲筊多半與神明無關，只是藉此工具乞求內心提供指引 228
矛盾衝突的信念最後會造成身心問題 229
人生就是喜悅，即使發生壞事，也是為了帶來好的禮物 231

第30講

30-1 好的親子教育是父母和孩子彼此認識對方真實的一面 236
父母太愛說教，可能會讓孩子陽奉陰違，面臨人格上嚴重的撕裂 238
30-2 在助人的過程中，最大的受益者就是自己 241
每個人出生的家庭是為了這一生的挑戰，以完成靈魂的功課 244
30-3 練習不戴面具過生活，靈魂的本質是真實，越真實越接近本來的自己 246
父母越能瞭解孩子在其背後的樣子，越能幫助孩子 248
30-4 所有外在的東西都是為了喚醒自己內在早已存在的東西 251
30-5 心境影響外境，展現內在力量就能改變外界環境 254
先改變自己這個觀察者，才能改變觀察到的現象 256
若陷入負面情緒，首要之務是立刻抽離那種心境，維持正面積極的態度 258
30-6 有些人的生命雖然經歷苦難，但是會因此開出更燦爛的花朵 261
每個人都要走出自己的道路，不要受大環境影響 262
腦海中不存在的東西，不會在現實中發生 264
30-7 象徵性行為就是實際上的行為，而實際上的行為也是象徵性行為 266
30-8 發揮想像力，栩栩如生地想像想成為的自己，那個自己就會出現 268

第21講

21-1

精神病症是不成熟的潛意識，想幫助可憐的自我意識所顯出來的現象

我一邊跟大家分享過去在精神科的經驗，也一邊把許多精神病理學的部分融會貫通。像我提出了一個相當具革命性的觀點：幻聽或很多精神病症是一個幼稚、不成熟的潛意識，想幫助可憐的自我意識所顯出來的現象，只是有時候可能越幫越忙。

以往一個人出現這樣的症狀，馬上被貼上負面標籤，於是失去了進一步自我整合、自我成長的機會，自我面對內在的部分遭到剝奪，到最後顯現出來的都是負向症狀，退縮不出門，自言自語，關在自己的世界裡。

我很想寫一本關於精神病理的書，把精神病現象的來龍去脈介紹清楚，只是每次出版社都叫我寫簡單一點的內容，以免曲高和寡，還跟我說：「許醫師，人家說你在中正紀念堂的演講講得很好啊！」那是他們聽得懂的內容

才說講得好，聽不懂就會說我講不好。

有些東西我的確認為要講得讓大家聽得懂，不是自己一個人開心就好，而有些課我是在娛樂自己，講得很開心，可是對很多人來說不見得能吸收，所以我一直在兩者間取捨。像上週我在珠海的講座，對象是一千多名大陸員工，講題是「如何出人頭地」，講得也很好，最後他們含淚相送說：「許老師，什麼時候再回來？可不可以把你的電話給我？」

如果讀不懂賽斯書，只是自我意識不懂，持續努力終究會豁然開朗

學員分享說：「以前我的心裡也常出現自責的聲音，覺得自己做不好，來這邊上課，看到大家都是博士、碩士，很專業，自己什麼都不是，什麼都聽不懂。但讓我很感動的地方是許醫師毫無保留，把經歷的所有事情全都跟我們分享，教導我們，不會認為我們學歷低，不專業。有時候我在跟同事聊天，有些話會脫口而出，講完才發現這不是以前的我會講的話，當下就覺得自己真的在無形之中受到潛移默化。」

這位學員分享的內容很重要，我之前提過，賽斯在《靈魂永生》裡說：

「你不要以為坐在這裡跟你一起看賽斯書的只有你。」看賽斯書的不只是我們以為的自己，在這個自己裡面還有懂得更多的自己，那麼多意識的層面也都想學習瞭解。如果讀不懂，只是自我意識不懂，持續努力，終有一天會豁然開朗。

有學員問：「我們通常都是看書，但是要如何才能把知識變成經驗呢？」答案是持續來上課，或是回去聽ＣＤ。

21-2

我們是否打從內心呈現出對生命的喜悅？還是經過後天的扭曲而自我防衛？

假設每個人都是從本我而來，我想問大家：「現在的你，是你最喜歡的樣子嗎？真的是你最想成為的自己嗎？」我講的不只是表面的成就，像是錢賺得夠不夠多，而是指這個自己是否打從內心呈現出對生命的喜悅和光明，充滿了愛的感覺和能量？還是這個自己經過了後天種種的扭曲或傷害，展現出來的是自我保護、自我防衛？

為什麼要談這個？因為我們的意識是來自潛意識，潛意識是來自無意識，賽斯講過，我們現在的意識心是從內我而來。之前也講過另一個主題：「愛」，為什麼人都喜歡墜入愛河或是被愛的感覺？後來我得到的想法是：因為人最喜歡那個心中充滿了愛的能量的自己，當我們在愛人或被愛，心中充滿了愛的感覺，會覺得一切很美好，閃閃發亮，生命很有意義，這時的自己最接近「真正的自己」。

另外再講一個東西，我有些個案會吸安非他命，或是有些小孩子有過動症，醫生會開利他能，這種藥也含有類似安非他命的成分。我說過，人用了安非他命之後，會突然發現注意力很集中，充滿了自信心，思想很明確，講話也大膽了起來，彷彿能感受到當下的力量。

比如說，有個個案從事園藝工作，我明明把他治好了，但是他每隔三、四個月又使用安非他命，用完後再回來看我的門診時，就會出現幻聽、多疑等精神病症狀。我覺得很奇怪，就問他為什麼，他說很懷念使用安非他命的自己，因為平常的自己只是黑白電視機，用了安非他命的自己是彩色電視機。

最近還有個躁鬱症個案說，好想回去躁症發作的時候，因為躁症發作不只是彩色電視機，而且是高畫質的液晶銀幕。他跟我提出一項停藥實驗，想回去經歷躁症發作的樣子，他說躁症發作的他像是接到了宇宙的能源，可以吃很少，不用睡覺，整個世界都是彩色的，彷彿跟每個人都有特殊的情感連結，四海一家，走在路上看到人就想搭人家的肩膀，有點像喝醉酒的人。他好喜歡那個充滿活力的自己，寧願轟轟烈烈活出一小段燦爛的人生，也不要平平淡淡又臭又長的人生。

這讓我想到之前有位精神科名醫自殺，也許對他而言是得其所哉。如果他沒有躁鬱症，也許根本不可能成名，他租下仁愛路的店面是在躁症發作時，聽說一個月租金四十幾萬，那時候的他自信滿滿，創造出最好的業績。我在想，躁鬱症成就了他這一生，或許他寧願當一位曾經廣為人知的名醫，也不要終其一生當個默默無聞的精神科醫師，這可能是他選擇的生命。

走上身心靈的道路能幫助我們成為「真正的自己」

現在來講「何謂真正的自己」。如果一個人找到真正的自己，會出現幾個現象：第一、彷彿使用了海洛因，有種飄飄欲仙、愉悅的感覺，像是以前的人說修行時會覺得法喜充滿。第二、具有像躁鬱症的人躁症發作的感覺，覺得人生是彩色的，能量用不完，跟全世界每個人都可以勾肩搭背，天大的難題都能克服；但鬱症來時猶豫不決，什麼都不能，連穿衣服都不會。

第三、具有上述安非他命使用者的專注感，吃飯就是吃飯，睡覺就是睡覺，講話就是講話，聽課就是聽課，能住在當下的感覺。很多過動症的孩子之所以要使用利他能，就是因為藥物裡類似安非他命的成分，能立刻讓東摸摸、西摸摸的孩子住在當下，專心念書，只是這種現象是出於藥物輔助，並不是自然而然透過身心靈達到的。

找到真正的自己，會像一個使用安非他命的人，能住在當下，了了分明，拿掉了所有的自卑感，雖然能量不像躁症病人那麼強，可是至少對自己深具信心，不會畏畏縮縮，老是覺得自己不夠好。

我常發現很多使用安非他命成癮的人，在生活裡都是癟三，家人會說：「你怎麼做什麼都失敗？」他們為了抗拒這種感覺，就去使用安非他命，透過藥物的協助擺脫了自卑的自己，表現出很有自信的樣子，所以才會沉迷。

第四個特色是墜入愛河的感覺，戀愛中的人看到的世界繽紛美好，充滿希望與期待，即使對方一窮二白，也覺得現實統統可以克服，愛的感覺戰勝一切，突然變得勇氣十足，似乎可以不顧一切，因為那個感覺最接近真正的自己。

為什麼我們要讀賽斯書、走身心靈這條路？很簡單，就是幫助大家成為真正的自己。不要擔心，我不是要大家開始打海洛因、吸安非他命、躁症發作或找個人來談戀愛，我的意思是說，這四樣東西加起來是我們真正的自己，過去幾千年來的修行，就是為了追求這個境界。一旦離開了那個自己，根本不知道為何而活，因為人不是生下來每天活在恐懼不安，也不是永遠在應付現實，這不叫做人生。

我想問大家：「你現在離真正的自己多遠呢？離真正的你所過的生活、所擁有的感覺多遠呢？」找回屬於真正的自己就是我們的動力，才是真正的修行。

修行是回到本來的自己，拾回天生喜悅的感覺，重建人與宇宙的關係

到底何謂真正的自己？真正的自己從哪裡來？我們又是何時開始失落了真正的自己？養過貓的人會知道有種東西叫木天蓼，由植物製成，貓聞了會很亢奮，在地上打滾、流口水，一副很陶醉的樣子，本來很怕生的貓會變得不怕生。很有趣的是，木天蓼對一歲以下的幼貓沒有用，對成貓才有用，

為什麼？因為不論是貓或人，在小時候根本是活在樂園裡，離開了童年才進入了失樂園。給貓聞木天蓼只不過讓牠回到原來跟生命、跟內我連結的自己。

這個世界為什麼需要毒品？因為我們早就迷失了真正的自己，失落了真正的感覺，所以有些人不計代價想使用毒品。歷代以來很多都市毒品氾濫，毒品用得越多，不代表越墮落，而是代表這個都市的人離開真正的自己一段距離了，藉由吸毒、躁鬱症、酗酒，渴望回到本來面目，只是他們用錯方法。我們在這邊學習的是最好的方法，靠自己的力量回到真正的自己，回到生命感動的感覺，這就是賽斯書的目的。

小時候，我們的心靈直接與內我連結，當時的我們懷抱信心，信任世界。我常講個笑話，小學生最相信老師說的話，到了國中、高中、大學，就變成你講你的，我聽我的。小孩子在樂園裡面，看到的世界充滿光明，人生充滿喜悅，明天永遠希望無窮，長大後逐漸進入了失樂園，越活越扭曲。所謂的修行不是多加上些什麼，只是回到本來的自己，拾回天生喜悅的感覺，重建人與宇宙、生命的關係。

舉例來說，很多人曾經被騙、受傷、被誤解，開始讓自己不信任人生，這麼做是聰明還是愚蠢？我不知道，只知道他們越來越不快樂。現在的成人都被訓練得很聰明，不會對別人言聽計從，聰明到不信任這個世界，連總統都不信任。我們活在一個爾虞我詐，必須自我保護的世界裡，不能再信任陌生人，連熟人也不例外，像每次報導都說約會強暴多半是熟人所為，那麼我們怎麼還能信任人呢？先不論對錯，我只想問，在這種情況下，人活得快樂嗎？我要表達的是，不信任人的自己不是我們真實的自己，真實的自己應該能信任人，而且心中充滿了愛的感覺，我們離真正的自己多遠了？

21-3

只要愛的能量充滿了每個細胞，再嚴重的病當下都會好起來

我來舉個罹患子宮頸癌的同學為例，她最大的病因只有一個：整個身心靈不再被愛的感覺所充滿。當我們與存有連結，就像插上了插頭，愛的感覺會流經身上每個細胞，這就是賽斯講的感覺基調練習，像光的課程、靈氣、印度人的拙火，都是要啟動愛的能量。到最後，宇宙唯一的能量就是愛的能量，而唯有真正的自己能與本我愛的能量連結，心中充滿了愛，對於想做的事情，什麼都不怕，不再活在痛苦、絕望和憤怒中。

只要愛的能量充滿了每個細胞，再怎麼嚴重的病，不管有沒有做西醫治療，當下都會好起來，因為內我愛的能量是最偉大的療法，就像以前印度的修行人啟動拙火，沉痾、惡疾都會療癒。內在愛的能量拙火發動時，會開始更新身心靈，突然覺得重生，開始熱愛現在的每一天，而不是只有活著，根

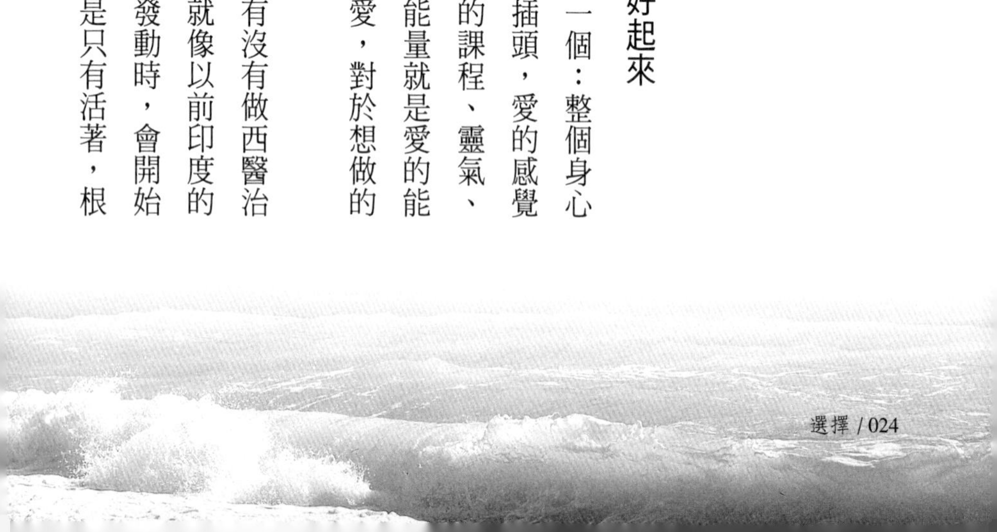

本沒有傾聽靈魂，像蟑螂老鼠一樣，有一餐、沒一餐地度日，每天擔心、害怕、恐懼，在乎別人的眼光，在乎會不會失敗，無法活出真正的尊嚴、喜樂和創造力，大多數現代人已經離真正的自己、真正的感覺太遠了。

比如說，很多父母與孩子的衝突，都在於父母要孩子認清現實，但是孩子永遠要用最大膽無畏的精神，挑戰一切權威，跟父母說：「你們走的路不代表我想走的路，你們的經驗不等同於我想要的做法。」孩子抵抗父母，嘗試著走出自己人生的道路，不想過著跟父母一樣的人生，雖然在現實上父母的方式可以幫助他活下來，但那種活不是他要的，他希望活出生命的能量，活出身為人的尊嚴與創造力。

愛來自我們與內我的連結，從心中滿溢出來的一種能量

我之前問過大家：「現在的你是你最想成為的自己嗎？你真正的自己和你真正的感覺在哪裡？」讓我們一起來找到那個自己。以後如果看到打海洛因的人，可以跟他說：「你打海洛因一個月還要花十萬元，讀賽斯書修身心靈不用那麼貴，而且我們的喜樂還可以持續下去，不像毒品用完就沒了。」

看到吸安非他命的人，可以說：「你還要靠吸安非他命才會有自信心，我們讀賽斯書，找到威力人格、找到內我，自我肯定，覺得我很好、我很棒，還需要安非他命嗎？」遇到躁鬱症發作的人，精力用不完，可以跟他說：「有什麼了不起！你還要借躁壯膽，像人家借酒裝瘋，我不用得躁鬱症就能做到。」

像我從小到大，常常被誤會為躁鬱症病人，不過我好像一直都是躁，沒有鬱，那些躁鬱症病人躁症發作遇到我，都很開心說：「許醫師，你跟我們是同一掛的，但為什麼你是醫生我是病人？真不公平。」我會跟躁鬱症的病人腦力激盪，因為他們的腦筋動得很快，思想跳來跳去，我跟他們比賽，還追得上他們的速度，他們就很高興，覺得遇到知音。

走上身心靈的道路，不用每天找個對象來愛，不會因為對方在身邊才幸福，分手了就每天一把鼻涕一把眼淚，因為我們開始讓自己的心中充滿了愛，這叫自流井，這口井會有水源自己冒出來，不需要從外面倒水進去。就像飲水機有兩種：一種是要加水進去，另一種是後面接水管，水沒有了會自己補充。

關於愛的部分，每個人都要變成自流井，不管愛與不愛，愛都在，不管愛人在與不在，愛都在，這才叫做愛，不是愛人在的時候有愛，愛人不在了，就死路一條，這不叫愛。愛本身是來自我們與內我的連結，而從心中滿溢出來的一種能量，那種能量是不管愛人在不在、愛不愛我們，都能感受到的感覺。

因為這種感覺，我們才能應無所住而生其愛，我說的不是亂愛，到處劈腿，而是自己心中充滿了愛，就不會去控制、限制別人，也不是像一般修行講的離欲斷愛，離欲斷愛什麼都找不到，只會找到冰冷的木乃伊而已，越修越枯萎，每天都在吃藥，這樣的修行方法不對。既然是修身心靈，就應該身心靈一體，不是越修越壓抑，身體越不好，而是越修身體越健康，越修精神體力各方面越好，對生命充滿了正面積極，這才是我們要走的方向。

生病是提醒我們要回到真正的自己，找回真實的感受

像生病是在告訴我們要回到真正的自己，找回真實的感受。生病時，我們內心有很多扭曲的感覺，例如，不信任、不平衡、排斥、憤怒，這些感覺

就像貪嗔癡慢疑一樣，沒有不對，只是扭曲了原本的自己。人性本來就是真善美，我們要做的是回到真正的自己，瞭解何謂活著、何謂生命，要怎麼活才能活出那個味道。

現代人已經離真實的自己太遠了，其實我們內心有很大的掙扎，渴望回到樂園裡、渴望回到身心靈平衡健康的感覺、渴望看到世界如此美好、渴望回到心中充滿了愛的感覺。想想看，如果人住在這種感覺，是不是太棒了？這種希望無窮的心境金錢也買不到，讓我們回到這種心境，願意再信任生命、信任自己，讓心回歸本然的狀態。

可是很多人每天戰戰兢兢，怕做錯決定，在乎別人的眼光，甚至得定期檢查有沒有得癌症，萬一檢查出來是末期怎麼辦？人不應該活在等待的悲哀裡，隨時擔心害怕，這正是現代醫學創造出來的局面：大家必須定期檢查，定時接種疫苗，彷彿世界隨時會產生致命病毒，奪走人命。

先不管這樣對不對，但這絕不是我想活的方式，我希望活在地球上什麼都不怕，地球就是恩寵，就是光明和喜悅，我不要隨時擔心會有大地震，然後全世界死光光，如果要這樣活，不如現在就去死算了，至少我的死是自己

準備好的，而不是被莫名其妙的磚頭掉下來砸死。

現代人活得多無力呀！但是我們的靈魂不要這樣活，靈魂要活出「我創造我自己的實相」，要活出力量感，要自己決定前途，決定疾病是否會痊癒，不要受命運擺佈。我要帶領大家從因果業障解脫出來，當下是因，過去、現在、未來是果，心念是因，疾病是果，心念是因，人生是果。認為人有滿身的業障和原罪，不是我們該活的方式。我期待大家為自己的存在負責，讓心中充滿了愛，然後把愛分享出去，當下就可以創造，我們都受到宇宙的支持。

賽斯說過：「宇宙站在我們這一邊，同類也站在我們這一邊。」可是現代人好像必須單打獨鬥，對抗整個世界，對抗別人的眼光，對抗不同的觀念，很辛苦。人真的可以不要這樣活，要找回真正的自己、真正的感覺。有學員說我很勇敢，在對抗整個醫學界，其實沒有，我常常講我是反間諜，意思是我一直都覺得受到支持，做這些事很開心。

21-4

鏡頭是自我，照相機是全我，鏡頭早晚要覺察到自己是照相機的一部分

心靈不等於宗教。賽斯一直在講「自我的內我化」，內我就是本我，自我是個結構名詞，不是要被消滅的東西。以照相機為例，鏡頭是自我，整台照相機是全我，鏡頭不等於照相機，但是鏡頭早晚要覺察到自己是照相機的一部分，不能單獨存在。自我是內我延伸到這個世界的自己，所以自我一定要開始學會從心靈的角度來看生命、看存在，不是要把自我消滅。

自我如何內我化？我來講個很重要的法門。過去大家的自我多半是利用理性、邏輯、思考和推理，於是自我誤以為自己是全部，完全想靠自己的力量解決人生所有的困難，包括經濟、婚姻、親子問題，此時自我會開始疲倦，覺得負擔很重，負荷不了。打個比喻來說，就像一個人覺得如果能列出很好的擇偶條件，按照這些條件執行，婚姻就會幸福，但是事實真是如此嗎？絕對不可能。這就是自我試圖靠自己的力量解決生命的每個問題，也是目前集體人類得到憂鬱症的原因。

理性必須和內在的直覺、衝動交互運用，人生才能美滿

自我必須開始了悟自己只是照相機的鏡頭，背後還有一整台照相機在支持著它，那就是本我，也就是神性和佛性。如何才能讓自我內我化呢？如何追尋我們的本來面目呢？法門很簡單，自我必須開始使用內我輸送的能力來面對人生，解決生命根本的問題，而不是完全依靠自我的推理、邏輯和分析能力，也就是從今天起，請大家對直覺、靈感、第六感、感覺、內在的衝動、夢境，付出更多的注意力，這些就是內我的能力。

我不是要大家拋掉理性，而是要知道理性必須和內在的直覺、衝動交互運用，人生才能美滿。光靠理性生活的人會很悲慘，每件事都用邏輯、思考、推理、分析，幾乎沒有任何的感受層面。可是人生的幸福與否，主要存在於感覺，我們對任何具體的東西都是生出相應的感覺，如果一個人心中很

悲傷，即使面對全世界最美的景色，依然感覺不到那個美，所以感覺反而才是我們真正主要的狀態。

直覺、靈感、第六感、內在的衝動不是混亂的荷爾蒙，也不是頭殼壞掉的象徵，一旦對此付出更多的注意力，會在生命中發現更多的巧合。像有位同學提到，本來在台北看到一本書很想買下來，可是想說沒帶九折卡，回到台中再買就可以了，結果回到台中發現妹妹正好送她這本書。

舉例來說，我昨天去輔大參加研習營，一早起床，突然有股直覺，想帶一本書放在包包裡，於是帶了《愛是你，愛是我》。到了現場，發現那本書正是這次研習的主題，而且主辦單位發給每位學員一本當作教材，可是我事前完全不知情。我覺得這種東西不是理性能推敲出來的，我們必須在生活中使用這個能力，這就是宗教所謂的修行。修行是指開始認識真正的自己，認識裡面的自己，認識我們本來的面目，而不是只靠邏輯和理性做決定，這正是現在集體人類得憂鬱症的主因。

參加那場研習營的都是大專院校的校長、主任和輔導老師，我跟他們說我講的內容不是心理學，也不是精神醫學，因為那些東西都不夠用了，我講的是賽斯心法、心靈的東西。在這個時代，只有這個東西能真正幫助人。

每個人都要在行住坐臥時，開始對直覺、靈感、夢境、感覺，付出更多的注意力，比如說上課上到一半，突然想到要講哪句話就講。像以前佛洛依德用自由聯想幫人做心理治療，我們現在不需要找精神科醫師幫忙做精神分析，自己可以做自由聯想，學著想到什麼講什麼，會發現內容正是聽眾要的。

我四處演講，從來不打草稿，因為我不知道我在講的時候，會有什麼感覺起來，所以都是跟著感覺走。很多同學常說，我演講的內容正好提到他們感興趣的主題，或回答他們想提出的問題。像有位強迫症同學，就是聽了我提到強迫症的那場演講而來上課。

賽斯心法的心理治療訣竅：先肯定個案，才會出現治療契機

我最近在治療一位強迫症個案，他的症狀很奇怪，會擔心很多東西，像是坐在教室會擔心燈掉下來打到他，或是桌子會不會撞到腳，我們一般人根本不會想到這些，他經常在這種強迫式思考中，一般心理學的治療方式會告

訴他：「這種強迫思想不合邏輯，正常人不應該有這些擔心。」

賽斯心法的整個治療理念完全顛倒，我先肯定他的思想正確、合理，我說：「你很聰明，不但聰明，而且思考過程比一般平凡人還要細膩、謹慎，危機管理做得更完整。一般人只是渾渾噩噩活在世間，對於周遭可能發生的危險不知不覺，你不一樣，你是個超級敏感的人，能看到小處，預見別人想不到的事。」

個案聽了眼睛馬上一亮說：「許醫師，你怎麼那麼瞭解我？連我以前都還沒有那麼清楚這件事，因為大家都說我是強迫症，我還以為我有病，其實你說的就是我心裡真正想的。」

原來他從小對每件事都很謹慎，會注意到每個可能出錯或發生危機的小細節，那不是一般無知大眾想得到的，所以我大力稱讚他一番，肯定他的擔心很合理，顯示出他比一般人更細心、更深謀遠慮。肯定完後，他覺得完全被同理，滿心歡喜的回去了。據我所知，沒有一個醫生會這樣做治療。

下一次門診再來，我繼續問他：「你很棒，沒有錯，不過這麼多年來，一直擔心從來不曾發生的事，會不會覺得有點過度了？」我沒有說他做錯，只說是否過度，他開始聽得進我講的話。從他的角度來看，他的強迫思想完全合邏輯，而且顯示出他高人一等。在這種情況下，他怎麼可能會去改變強迫思考？如果不先肯定他，他怎麼改變？

過去很多治療法都是先否定當事人，告訴他：「你不合理，你不對，你有病，你要改。」從來沒有人先肯定他是對的，他是合理的，然後問他危險管理會不會過頭，讓自己分分秒秒都很緊張，活得很辛苦。就像台灣人民每天都在備戰，上午跑五千公尺，下午也跑五千公尺，日子還要不要過？一句話打中他的心，因為他真的每天都戰戰兢兢。先認同他是對的，然後問他會不會對過頭，這時治療的契機就來了。

第一次治療最大的契機是我點出了他高人一等，他並不覺得自己的強迫思想有錯，只是大家不夠聰明，不瞭解他。如果一個人的內心不認為自己有錯，要他改錯有可能嗎？這就是所有治療拉扯的原因。整個賽斯的治療對心靈有更深的瞭解，先順著他的對，然後問他會不會對過頭了，因為一個人被順過去的時候，自動會再回來，就不需要拉扯。

那些參加研習營的輔導老師、主任和校長，覺得看到了一個新境界，一

個他們從來沒有想像過的境界，原來只是透過宗教看到小小的一瞥，現在整個看到了，本來透過心理學很狹隘的範圍，現在透過心靈的角度完全打開。

這個時代對於佛教可能是末法，對基督教可能是末世，對於每個人的心靈卻是開花結果的偉大時代。人類痛苦、狹隘、卑微的自我，終於得到了真正的救贖，感受到全然的恩寵，每個人都要找到自己內心的力量，自我可以完全打開潛能，邁向全我的道路，真讓人感動！

如果看到別人看不見的東西，那東西可能來自異次元或自己恐懼的投射

有個同學提了一個問題，說姐姐的女兒小學五年級，會看到一個穿紅衣服的女生，長髮遮住臉，可是其他人看不到。我覺得要看小女孩在講這些時，是什麼感受、什麼心情？這件事到底是嚇到她還是嚇到大人？如果她告訴我這件事，我會見怪不怪，看到就看到，不然怎麼樣？我會問她：「下次妳仔細看那件紅衣服上的標籤，是寫台灣製還是中國製？」

就心靈的角度，看到別人看不見的東西奇不奇怪？一點都不奇怪。重點

是她為什麼會看到？她投射出去的是什麼？是恐懼嗎？她看到的是異次元的東西，還是她自己恐懼的投射，叫做思想形。從她看到那個東西的反應來幫助她認識自己。

很多精神分裂的人都聽得到聲音，有些真的是其他世界的聲音，有些是自己潛意識的聲音，沒什麼了不起。像我告訴過大家：「早期人類本來就看得到自己想像力的產物。」早期人類的自我不像現在人類那麼專門化，所以可以看到自己想像力的產物，也可以聽到潛意識的自我對話。現在人類多半把這個能力放在夢中，在醒時生活中這樣的經驗比較少。

有些人會透過用藥出現這種情況，像我門診有個個案在吃搖頭丸，會看到一些無形的東西，像臉或手。我跟他說：「你吃這些東西本來就會出現這些畫面，而且你本來就有恐懼，這種藥物讓你本來藏在潛意識的恐懼跑出來了。就像很多人修行時也會遇到一些現象。」

《未知的實相》也講到這部分，裡面有個很重要的練習，教我們如何轉變意識焦點，介紹何謂聚焦，何謂散焦，何謂對準這個時空，何謂對準其他時空。人本來就有能力接收到其他時空的東西，只是我們一直沒有去發展，在對準其他時空時，會看到不屬於這個時空的東西。

在這個過程裡，大家要確定兩件事：第一、沒有什麼東西可以危害我們；第二、宇宙的本質本來就是善良的。賽斯說，不論是用藥、打坐冥想、做意識轉換的練習，如果遇到了邪魔、惡鬼，自己要清楚知道一件事：那都是內心邪惡和恐懼的投射。魔只有一種，叫「心魔」，根本沒有任何魔可以傷害我們。

第22講

22-1

只要每個人呈現自己的生命，就能增益宇宙存在的品質

我們在助人時，會發現對方幫得了他自己，不需要我們的協助，助人只不過是幻相。在助人的過程中，我們其實是幫助了自己，我們藉由幫助別人，釋放出愛。有時候我們幫助對方反而是在剝奪他的能力，比如說，看起來醫學以其無比的耐心、信心及愛心，試圖幫助大家恢復健康，在此同時，卻也否定了身體本然的能力和自我復原的能力，結果越幫越忙。

有些人會排斥我們的幫助，為什麼？因為他們接收到雙重訊息，表面上看起來是我們想提供協助，裡面的訊息是讓他們覺得自己沒有能力才需要得到協助，所以很多的幫助是進一步讓對方感到無力，失去健全性，我們不要以為想幫助別人很偉大。

了悟到沒有人需要幫助後，才會成為真正的助人者。如果我們看到滿街

的人都在受苦受難，需要觀世音菩薩拯救，那麼投射出去的畫面就是無力感和苦難。一朵玫瑰花並沒有想要幫助這個世界，它只是盡自己的本份，開出最美麗的花朵，悲傷沮喪的人看到它，自然破涕為笑。

以我自己來說，我只是在呈現我的生命，因此增益了整個宇宙存在的品質，說實話，何來幫助之有？我並沒有那麼嚴肅的使命或崇高的理想，我如實呈現自己的存在，也教導別人如何呈現自己的存在。不像有些人很擔心：「我要幫我的先生，否則他越來越惡化怎麼辦？」「我要幫我的小孩，否則他將來失去獨立自主的能力，無法養活自己怎麼辦？」這些想法聽起來好沉重。我們得先讓自己進入一種神奇的狀態，體悟到沒有人需要拯救，這種感覺會非常開心，毫無負擔，因而產生最大的生命能量。

有的先生會跟太太說：「拜託妳，顧好自己就好，不要來煩我。」的確，想幫助別人時，要先看看自己的狀態，看看那個幫助的背後有沒有雙重訊息。一旦我們的心自在喜悅，覺得沒有人需要幫助，那時候幫助才會發生。幫助不是doing，不是做些什麼去幫助別人，而是being。像我在治療很多個案時，從頭到尾就是在搞笑，搞笑完他們的病也就好了，因為他們學會在生命中搞笑。

問題之所以發生，常常是因為我們開始變得嚴肅，想解決問題，於是讓問題成立。而問題一旦成立，自然得面對大大小小接踵而至的問題。這部分大家要再三體會，重要的是抓住那種輕鬆愉快的感覺。

神奇之道是達成目標最簡單實際的方法，也是每個人的生活之道

賽斯一直在講個很重要的理念，就是神奇之道。神奇之道背後真正的精神是在告訴大家：很多東西都會順著我們的信念心想事成，神奇之道本來就是達成目標最簡單實際的方法，也是每個人的生活之道、做事之道。如果生病的人全然地信仰神奇之道，將疾病恢復視為理所當然，那麼他做的每件事都會變成最神奇的治癒方法。

我們在遇到阻礙時，要理所當然地認為解決之道就在旁邊；想完成生命的計畫和藍圖，也要將目標、理想的達成視為輕鬆不費力。不論在生命中碰到什麼困難，都可以告訴自己：「好棒呀！這件事情讓我遇到了，我很容易就能克服。」

賽斯講過：「人竟然讓自己的人生過得這麼辛苦，把達成目標視為這麼艱難，整個宇宙的力量在面前卻視而不見，這件事真是太神奇了！」從今天起，請大家開始讓自己的生活恢復神奇，告訴自己：「解決困難很神奇，疾病痊癒不費力，達成目標很容易。」只要回歸到這種認知，生命就開始進入了本來該是的樣子。

很多學生跟我說：「為什麼看你做起事來都很簡單？出書輕而易舉，目標輕鬆達成。」我說：「我是最平常、最正常的，是你們太特別了，把自己的人生過成這個樣子，還說我是另類。我只是回復到一個人最簡單的生活方式，回歸到生命本來進行的方式。遇到困難時，很多人幫忙本來就是理所當然的；要完成理想時，那麼多人共襄盛舉，本來就很正常；出了問題，別人比我還著急，要幫我解決難題，這件事情天經地義，怎麼反而大家過得都不一樣呢？我實在太佩服大家了。」

賽斯說，每個人的生命本身就是喜悅，絕不可以忘記這一點。每個存有都是先感受到喜悅，才存在於某個世界及某個實相當中，而且凡是在那個環境當中生活所需的一切，也都有人給予。

身體是喜悅的，也是萬事萬物神奇的一部分

大家一定要建立「身體是喜悅的」這個觀念，身體是萬事萬物神奇的一部分，從周遭所見的一切生長出來，原子和分子的歌聲穿透奇妙的空氣，變成了石頭、樹、貓、狗、人。我們使空氣喜悅，不論身在何處，空氣都會進入我們體內。

可是等我們長大後，很多人會說這個世界沒有神奇，沒有恩寵，也沒有法術，一旦相信這些話，就會遺忘自己的本質，遺忘身體本來就是奇妙的，於是做起事來彷彿生命並不喜悅，生活起來感受不到喜悅的本質，不會覺得身體既健康又神奇，也做不出什麼奇妙的事，結果就是悲傷、痛苦、生病，讓自己很累、很辛苦。

我們要相信每個生命的本質都是奇妙的，相信配偶、父母、小孩的人生和身體都是奇妙的。終有一天，我們會突然記起自己的生命原是喜悅的，發現那些不神奇的事都是由自己創造出來。讓我們的心靈破繭而出，認識到神真正的本質，因為神的本質就是神奇、健康、奇妙，而大家已經不認識神了。

我常常界定自己是來這個時代傳福音，讓那些忘記生命本質是喜悅的人，重新憶起生命的本質，讓那些身體生病的人，重新憶起身體本身是奇妙喜悅的。請去除身體容易生病、人生艱苦、世界齷齪等想法，我們是來散播愛與希望，這是目前的世界最迫切需要的東西。

22-2

膝關節退化是由於承擔生命重擔的壓力，一定要回到生命喜悅的本質

我最近在處理一些膝關節退化的人，他們問我說：「真的是膝關節本身退化嗎？」我說：「不是，其實是你人生的腳步越來越沉重。」有些人年紀越大，覺得人生路越來越難走，也許是事業失敗，也許是要適應中老年的境遇。基本上，面對人生的心情越沉重，踏出的腳步就越沉重，而沉重的腳步傷害的正是膝關節。

醫學論及膝關節退化時，只考慮膝蓋軟骨、滑液或骨頭退化，並沒有考慮到這個人在人生道路上，踏出的每一步是不是都很沉重？我們要去覺察自己是踏著什麼步伐迎向人生，是吹著口哨踏著輕鬆的腳步邁向未來？還是唱著悲傷的歌曲面對未來？沉重的心情讓整個人往下沉，導致頸椎、胸椎、腰椎、膝蓋的骨頭退化，所以膝關節承受不了的並不是體重，也不是錯誤使

用，只要不亂來，關節本身都不會出問題。

我一直強調，身體有自己的意識，具有適應大自然和自我修復的能力。我們是身體健康的共同創造者，所要做的就是照顧好自己的心情。像關節退化並不是因為過度磨損，而是出自於沉重的心情，承擔生命重擔的壓力，關節退化的人一定要徹底改變生命態度，回到生命喜悅的本質，讓生活輕鬆不費力，達成理想很容易。所有人本來就該這樣活，連生老病死都在喜悅的過程中發生，如果能體會這一點，整個人生會有所改變。

人是因自己的概念而創造實相，思想建構到哪裡，生命就建構到哪裡

我在《用心醫病》一書中強調，大腦裡每顆腦細胞都可以取代其他腦細胞的功能。意思是如果媽媽生病了，可以換成爸爸煮飯，雖然爸爸過去沒有煮過，剛開始會很難吃，但是慢慢學就會越來越好吃。腦細胞也是如此，只是目前很多神經內科專家或中風的人，還沒有建立這個觀念，比如說控制右手右腳的左腦中風了，右腦可以開發出控制右手右腳的能力，可是不具備這個概念就開發不了這種能力。

我認為中風後的復健，是讓所有的腦細胞都能兼具其他腦細胞的功能，這是個全新的復健方向。遺憾的是，很多的神經內科專家、復健科醫師，對這一點還沒有那麼確定，甚至很多中風的人會覺得：「糟糕！控制我右手右腳的細胞死掉了，所以我失去那部分的功能。」他們不曉得左邊壞掉了，右邊可以取代它的功能。

人是依循自己的概念而創造實相，概念對人類非常重要，概念上沒有的東西，很難在實際中出現，就像要先有藍圖，才能蓋建築物。概念在我們人生中扮演的角色，就彷彿土壤對於花卉一樣，花卉必須藉由土壤才能長大開花，人生中發生的一切事件，也是由很多的概念建構而成，這句話再三強調也不為過。一個人的思想建構到什麼地方，就代表生命建構到什麼程度。

若想建構快樂自在的人生，得先有快樂自在的思想概念，因此我們要不斷學習直接處理思想概念。說實話，在這個社會裡，我們很多的思想概念都是人云亦云，若沒有學會如何建構生命當中的思想概念，就學不會如何建構人生。

很多人之所以越活越苦，是因為他們覺得自己無法掌握人生，不是隨波

逐流，就是沉浸在痛苦當中，從來不知道自己能建構想要的人生，也沒學會如何建構思想概念。比如說，想健康的人得先建構一種對生命、對身體的健康概念，其實概念就像骨頭一樣，沒有好的概念就不會有好的骨頭，骨頭不健全，肌肉也不會健全。

自認為無足輕重的老年人骨質會流失，追求生命意義能預防骨質疏鬆

很多人問：「為什麼老年人容易得到骨質疏鬆？」我先提出另一個問題：「就一般社會標準而言，目前的老年人會覺得自己是社會上不可或缺的一群嗎？會覺得自己的生命很重要嗎？」不會，他們對生命不再具有堅強的信心，擔心退休後對家庭、社會的貢獻不夠，懷疑自己在宇宙中的價值，對整個老年生活失去信心，怕年紀越大與社會的主流價值越脫節，成為家人的累贅。因為老年人對於自己在社會生產價值和存在意義的重要性降低，所以構成生命的骨頭才會開始疏鬆，骨質疏鬆與缺乏鈣質並沒有絕對的關係。

如何重新建構老年人的骨質密度？運動和飲食只是其次，真正的重點在於幫助老年人建構出一個概念：「我的生命重要無比，銀髮生涯可以是生命

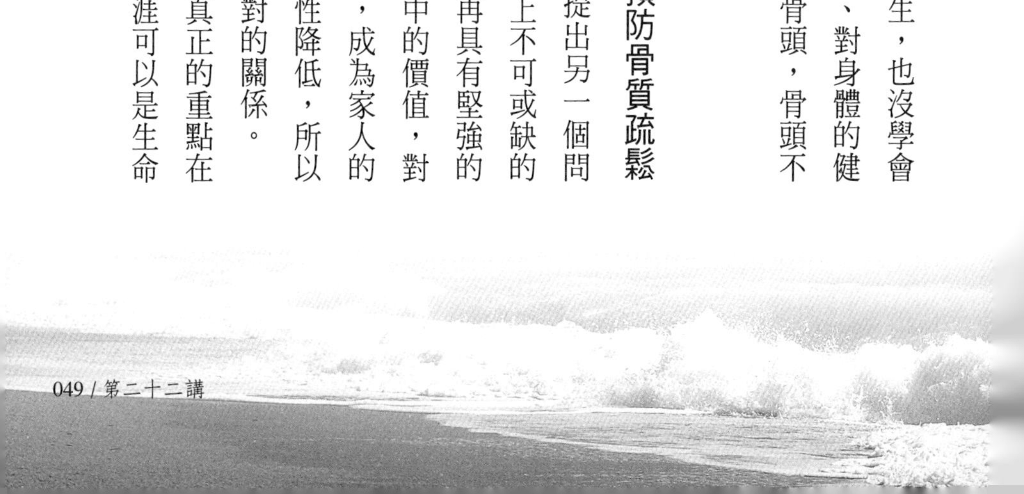

中的黃金歲月，如同童年、青少年、成年時期一樣，都是人生不可或缺的階段。」

可是目前整個社會的信念是讓老年人自覺無足輕重，而在心理上覺得自己不具重要性，就會在肉體上讓自己覺得不重要，一個不重要的肉體、沒有重量的生命，獨居在家沒有人關心，骨質當然會流失。若要真正預防老年人骨質疏鬆，就要重建他們的生活，幫助他們追求生命中的重要意義，可是這個道理很少人知道。

賽斯書的作者魯柏有一次病重時，突然聽不到外面的聲音，那時候他的心境是讓人們繞過他去說話吧！反正他也不想聽人們怎麼說他。像很多老年人重聽或是突然性的耳朵中風，代表的心境就是：「隨他們去說吧！我不想聽了，聽了讓我的心更亂，就讓世界遺棄我吧！反正大家也不太在乎我了。」

有些人聽到某些消息、話語、批評，心情會激盪不已，因為受不了那麼多干擾，會寧願沒聽到，他們在心理上告訴自己：「我不想聽了，讓我的耳根子清靜一點！」這種心理上抗拒和逃避的念頭一發動，會讓整個聽覺退化。

目前整個人類進化到一個很重要的關鍵：開始認知到我們的每個信念都會產生實質效果，每種心境都會帶來具體的後果，我們要認出自己是創造者，用自己的概念、思想、情緒、想像力來建構出自己的健康和人生。

信念和情緒是影響一個人一生的重要關鍵

22-3

今天早上我在醫院開會，幫實習心理師上課，講到很多關於情緒和信念之間的關係。我不曉得大家是否留意自己多半處於哪種情緒狀態，比如說，心情開朗時，看到每個人都很開心，就算孩子做錯事也不會處罰他；心情低落時，會很想找人吵架，一點兒雞毛蒜皮小事就會大發雷霆。

一個人處於不一樣的情緒狀態，會影響到他的信念和思想，假設某甲一早得知老闆要幫他加薪，當天的情緒很愉悅，到了晚上連看到討厭的鄰居也會不自覺地跟對方打招呼，因為人心情愉快時，思想比較光明正面。

可是我們在這邊學的是：情緒由信念而來。到底信念和情緒如何交互影響？我們又如何改變信念和情緒呢？其實信念和情緒是影響一個人一生的重要關鍵，我來打個比喻，假設我要砌一面磚牆，如果只堆好紅磚，不加水泥，這時磚牆看似堅固，可是一推就倒了，所以如果想讓磚牆變得堅固，每堆一塊磚塊，就要加水泥，等到慢慢硬化後，所有的磚塊黏起來會變成一面牆，最後再粉刷。

我就用磚塊和水泥的例子來比喻信念和情緒的關係。通常，每個思想會產生相對應的情緒，假設我討厭一個人，對他產生強烈的厭惡情緒，此時只會放大他所有的缺點，看不到優點，因為我「住在」自己不滿的情緒當中，對這個情緒的執著會把我整個信念固定住，很難轉變信念去看到他的優點。

若想改變信念，得先轉換情緒

像有些同學問我：「許醫師，賽斯心法說要轉變信念，可是我老公明明就是不斷外遇，對我就是這麼壞，你要我轉變對他的信念和看法，怎麼可能？」「你說我們要轉變對世界的看法，可是我每天看到的是鄰居把垃圾丟在我家門口，溜狗也不清理狗大便，叫我怎麼改變信念？」「我明明就是生病了，很害怕，你要我怎麼改變信念，信任身體？」

改變信念真的不容易，尤其是如果跟一個人處得很不好，只會覺得對方處處刁難，跟自己作對，很難改變對他的信念。喜歡一個人的時候也一樣，即使被騙錢，還是心甘情願，因為覺得情緒很好，縱使看到缺點，也會裝作沒看到。

由此可知，我們對人的看法深受情緒影響，如果今天很痛苦，走出門看到每個人都很痛苦，平常被超車就算了，不跟人計較，今天會搖下車窗罵三字經，然後追上去。也就是說，我們在不同的情緒狀態會產生不一樣的信念，會有不一樣的行為。

人處於某個很強烈的情緒時，除非具有大智慧，否則很難轉變信念，因為我們的信念被情緒固著在一起，像磚塊加上了水泥後，這面牆就不容易推倒了。此時怎麼辦呢？賽斯在《個人實相的本質》說，如果想改變某個信念，得先試著轉換情緒。比如說，今天我發現對某個人很不滿意，我想改變信念，但是我要先去泡個湯，舒服一下，心情好一點後，才願意改變信念。所以人不是不容易改變信念，而是根本就不願意改，會覺得：「那個人明明這樣對付我，你要我改變對他的看法，不可能！」就是卡在三個字：不甘願。

基本上，轉換情緒像是讓水泥牆的水泥鬆動，如此一來，就能輕而易舉地把磚塊拿起來。例如生重病的人擔心自己好不起來，不是先改變信念，賽斯建議把自己打扮得漂漂亮亮，塗口紅對著鏡子笑，告訴自己：「其實沒那麼嚴重嘛！」或是看一些讓人開懷大笑的喜劇、整人節目。透過這些方式調整情緒後，再回來改變信念就容易多了。

如果有情緒時，找個好朋友說一說，負面情緒宣洩後，就不會那麼固著在自己的觀點裡，這時要轉換比較容易。不要在情緒很惡劣的時候強迫自己硬改信念，否則只是頭腦改，心裡不甘願，因為情緒還沒有走完。像有時候我們想改變孩子，是先聽他說，接納他的情緒，同理他的委屈，之後我們說的話他才聽得進去，否則他只是口服心不服。

父母管教子女時，若孩子不知道自己錯在哪裡，會累積憤怒而遷怒他人

像今天有個媽媽帶著孩子來求診，說孩子在家會打三歲的妹妹，在學校同學拿東西碰到他，他就捶對方。我聽完後問媽媽：「請問在家裡是妳還是

妳先生比較會打孩子？」她說是她。我又問：「每次妳打孩子時，孩子都覺得是自己的錯嗎？」她說不是。我說：「關鍵就在這裡，每次妳打完孩子，沒有讓他明白錯在哪裡，所以孩子不認為是自己的錯，被打後很不高興，只要一跟妹妹或同學稍微有點小爭執，就會把憤怒轉移出去。」

精神醫學提到具有反社會人格的人，小時候會虐待動物致死，我告訴大家，所有會虐待動物的小朋友都是在家被打，可是大人也許不是要虐待他，而是為了他好，孩子不明白，也不認為自己有錯，只覺得無緣無故被揍一頓，於是憤怒會累積、轉移，隔天上學途中看到野狗就遷怒，因為他踢死一隻野狗不會有人來找他算帳。

我曾經輔導過一個高中生，被爸爸罵完，帶著小刀出去，到街上捅死了兩隻狗，雖然這個孩子的爸爸很愛他，但是他被打完或罵完，心中一股憤怒沒有出口。很多時候，孩子之所以會出現這樣的暴力行為，不是因為父母沒有管教，而是管得太凶，結果反彈更大。

我舉這個例子是要說明，如果沒有處理好自己的情緒，根本不可能做到信念的轉換，因為一直住在那個情緒裡，於是那個信念只會不斷地固定住。

22-4

每個人都要自在地調整情緒、改變信念，才能創造實相

前面提到，若要調整信念，可以先去宣洩情緒，如果不宣洩情緒也沒關係，它自己會過去，但是必須開始產生與剛才的情緒相對應的情緒。比如說，剛才很憤怒，就去看個好笑的東西、回想生命中很甜蜜的一段歲月、或是把以前結婚時拍的影片、孩子小時候的照片拿出來看。

我常常建議憂鬱症個案或失意落魄的人去開個同學會，因為一看到國小、國中、高中同學，不會聊今天的事，會聊小時候誰做過什麼蠢事，很快就能改變當下煩惱、痛苦的情緒，情緒轉換後再回來調整信念就容易多了。

每個人都要有能力讓自己隨時隨地處於不一樣的情緒狀態，先轉變情緒，再試著由那個情緒去找到對應的信念，然後重新建立一個新信念，建立了新信念後，將來就有新情緒。如果一個人還在舊信念所產生的情緒狀態

裡，就不容易拔除舊信念，比如說，心中明明還怨天尤人，恐懼不已，擔心自己什麼時候會進太平間，處於「我的身體沒用了」這個信念所產生的對應情緒，此時怎麼去信任身體？而一旦離開了那個情緒，要回頭去改變信念就比較容易。

只是大部分人終其一生過得渾渾噩噩，離開了那個負面情緒後，通常沒有回過頭去處理背後的信念，等到下一次情緒又不好時，會跳回原來的情緒，終其一生都在擺盪，被情緒拋來拋去，覺得自己做不了主，更遑論創造實相。而能自在地調整情緒、改變信念，才是創造實相的根本原則。

例如有些人今天很悲傷，悲傷完了也不去追根究柢，找出到底這個受傷的情緒背後的信念是什麼，只想離開傷心地、想離婚、想分手，等下次挫折一來，一樣會受不了，事業失敗了第二次，一樣會去跳樓。

處於好情緒時，若能拔除負面悲觀的壞信念，生命會進到不同的境界

我希望大家從今天起，深入內心做兩件事：第一、在情緒好的時候，檢視自己的信念是什麼？把產生好情緒的正面信念鞏固下來。第二、這時候

順便問自己：「我處於壞情緒時，大部分在想些什麼？」能在好情緒的狀態下，拔除那些負面、悲觀、恐懼、不信任的壞信念，生命就會進到截然不同的境界。

舉例來說，有個太太今天坐計程車去上班，司機忘記按表，問她平常都坐多少錢，本來是二百元，但司機只收一五〇元，她很高興地下車走進辦公室，這個心情背後的信念是什麼？人是善良的，此時她再用這個情緒看老公，會看到不一樣的畫面。

人處於不同的情緒狀態，會看到自己過去沒看到的部分，在憤怒時，只會看到對方的缺點，在心情愉悅時，看到的盡是對方的優點，然後還很訝異：「我看到的是同一個人嗎？」

我們並沒有真的看到任何人，看到的不見得是對方真正的樣子，而是我們自己對他的看法，還包含著很強烈的個人情緒在內。對某個人採取的不同觀點、產生的不同情緒，只會讓我們看到一個支離破碎的人，就像畢卡索的畫作一樣，那些看起來人不像人，鬼不像鬼的人像畫，背後代表的意思是：我們從沒看到一個完整的人。

比如說，家中每個兄弟姐妹對父母的看法也常常南轅北轍，這裡牽涉到實相的創造，用不同的方式跟別人互動，會看到不一樣的他。人像變形蟲，性格多變且複雜，假設我自己抱著一種對人性信任的正面情緒，那麼在我周遭的人心中美好的部分，將受到我的吸引與加強。可是如果我用負面的情緒與信念去看一個人，我也會誘發他人格當中最卑鄙、無恥、黑暗的那一面。要是一對夫妻在十年前決定只看對方的缺點，那麼十年後會變成一對怨偶，面目猙獰，彼此攻擊。不同的互動模式會帶來不同的結果。

採取不一樣的情緒和信念看自己，就會踏上一場自我創造之旅

由此可知，我們要為自己周遭出現什麼樣的人、以及對方如何對待我們而負責，因為那個樣子是他與我互動之下，我看到和創造出來的，要是別人跟他互動後，看到的他是正直無私又善良，我看到的他是卑鄙齷齪又無恥，那麼我要開始思考，人都有很多面向，為什麼自己老是吸引他用人格中最黑暗的那一面來對我？是不是因為我從來沒有改變跟他互動的方式、對他的觀點和情緒？

這就是我創造我自己的實相，我說過，一旦完全瞭解這一點，就算碰到了天底下第一大惡人，都會成為那個大惡人這輩子唯一做好事的對象。掌握住上述的訣竅，就可以應用在所有的人際互動中，改變跟對方的互動方式，能將他正面、有力量、積極的那一面導引出來，也許本來只是小小的一面，透過這樣的互動慢慢擴大。

人都是不斷地以這種方式自我創造，連對自己也不例外，如果開始採取不一樣的情緒和信念看自己，就會踏上一場自我創造之旅。每個人都是自己的偉大教育家，也是自己實相的一手創造者。

如果覺得周遭人都很自私，此時不要怪別人，而是要捫心自問：「為什麼他不會這樣對別人？是不是我跟他的互動方式，無形中導致他特別針對我？」請記住，讓自己變成今天這個樣子的人就是自己，跟原生家庭、婚姻都沒有絕對關係，只跟自己直接相關，唯有徹底了悟這個道理，才會重新找回力量。其實很多孩子從小就需要這種思想觀念，台北有個救國團的高階主管來上我的課，後來私下跟我說，他非常喜歡賽斯心法，因為賽斯心法能解決更深入的問題。

我希望大家練習做情緒和信念的轉換，的確有時候我們在不同的情緒狀態，會看到別人不同的樣貌，一旦轉變了觀點或對一件事的看法，結果甚至會大逆轉。我們常常只看到我們看到的樣子，於是創造出我們看到的實相，慢慢練習後，會發現可以看到不一樣的世界，不再只是過去憤怒、痛苦、支離破碎的世界。

22-5

人類陷入水深火熱時，一切萬有會派使者捎來鼓勵和安慰的訊息

我之前說過兩個不同的世界：一個是相信生命有意義，會不斷輪迴，有個慈愛的造物主，宇宙的一切都有道理在，雖然有時候我們不見得會知道。另一個世界相信宇宙是意外，發生什麼也不一定有道理，人死後蕩然無存，大自然冷冰冰，只是原子和分子，沒有造物主的存在。基本上這兩個世界大相逕庭，兩個世界爆發的衝突和界定我們存在的本質也南轅北轍，會讓我們產生不同的心境。

有學員問：「既然有個造物主，為什麼世界還有這麼多苦難？二次世界大戰的時候，祂在哪裡？當一家四口遇到火災，鐵捲門打不開，祂在哪裡？」

上帝一再地派使者到人間來告訴大家：「孩子，我已經把照顧你們的能力給你們了，我給了你們創造自己實相的能力，那還不是愛嗎？所有你們遭遇的一切，以及你們不想遭遇的一切，都可以透過認識自己、認識我、認識你創造實相的能力而得到。」每個人都擁有創造實相的能力，只是還沒有開發出來。尤其在人類陷入水深火熱時，上帝會捎來鼓勵和安慰的訊息，像佛陀、基督都是這樣的使者，他們知道自己是被一切萬有派來的。

我知道，不論是上班族或家庭主婦，大部分的人過了忙碌的一天，感到很疲憊，卻不見得有成就感。對假日也沒有那麼多興奮和期待，而假日一結束又要再面對日復一日的生活。所以禮拜五是很矛盾的一天，心情低落，想放鬆，又不見得快樂。

幻聽能幫助當事人看清楚內在的潛意識

有學員分享：「之前上課講到幻聽，我剛好沒來。提一下我暑假發生了一件困擾的事，那時內在突然有個聲音引導我到國外去自助旅行，我不會講英文，從來沒有膽量去自助旅行，結果到了溫哥華參加洛磯山的行程。旅遊到一半，我內在有八個人在心裡對話，他們是四對夫妻，連續三個晚上我都沒有睡，像法官一樣仲裁他們，每個人講話都是透過我，如果要打對方也等於是我在打自己。最後一個晚上，我發作得很嚴重，導遊請司機先生送我到精神病院，我在那裡住了七天。」

我說：「妳去加拿大，而且是專程去那邊住了七天。其實我認為妳知道自己要住，可是妳不想住台灣，妳覺得國外的醫療比較先進、人道一點。此外，在國外住有個好處，除非妳說出來，否則大家不會知道。

「基本上那四對夫妻是妳潛意識內在的很多衝突，每一個都代表妳內心的衝突和掙扎，妳想調停內心的衝突，可是由於個性使然，讓妳從調停者變成法官，也就是妳的主人格幻化為法官，然後妳的潛意識分裂成八小塊，彼此在對話。所以這是非常棒的生命經驗，讓妳看清楚內在有哪些潛意識，以及潛意識的對話內容，因為一般人不見得那麼容易看到自己的潛意識。潛意識已經演給妳看了，去聽一下我們上次講幻聽的資料，就會明白。」

第23講

23-1

即使目的崇高，若採取的手段配不上目的，結果也是枉然

賽斯說過，痛恨戰爭並不會帶來和平，唯有真正的愛好和平，才會帶來和平。他在《個人與群體事件的本質》也提到，每個人都是心地善良的理想主義者，可是從有歷史以來，犯下重大殘暴和戰爭罪行的都是理想最崇高的人。以希特勒為例，他的目標是世界和平，讓全人類活得好，沒有戰爭，而採取的手段卻是把基因不好的人殺掉，要比較劣等的民族服從高等民族的統治，像是他認為猶太人的基因不好，就要殺掉。雖然希特勒想實現理想，但是手段扭曲了目的。

後來賽斯就說，不論一個人的目的多麼崇高，一旦手段配不上目的，最後一定會離目的越來越遠。不過很多人不會這樣子想，他們覺得：「沒有關係呀！只要我們的目的很崇高，就算是抹黑、打擊、傷害、說謊，都可以接受。」像民國初年，每個軍閥都想統一中國，或是以往那些導致民不聊生的戰亂、宗教迫害，都是為了自認為好的目的，而採取邪惡的手段，但痛苦也因此形成。

其實從古到今，沒有一個人類是真的在行惡，所有的壞事起初都是人為了要實現理想、達到好的目的，只是在行善的過程中用錯了手段。當年美國總統尼克森的水門事件正是如此，他覺得共產主義開始侵襲，麥卡錫主義也蠢蠢欲動，為了守住世界的正義，打贏選戰繼續掌權，於是使出的手段是監聽對手的言論，這就是有名的水門事件。

賽斯希望我們在將來的世界裡，不管目的有多好，手段決不能違背目的，否則最後會出賣自己。

恐慌症會伴隨著生理上的現象和心理上的害怕

恐慌症是個很奇怪的症狀，每個人多多少少都曾經有過恐慌的經驗。恐慌分為兩個層面，一個是心理層面，擔心血壓太高會中風、害怕心跳太快、心臟會停止跳動，或是吸不到空氣會窒息，隨時會死亡。

另一個是身體層面，例如心悸、頭皮發麻，這種經驗像是在看恐怖電影時，鬼出來了、僵屍要從棺材跳出來，頭皮會發麻，覺得快要炸開，整個人會暈，失去平衡，四肢無力，全身很不舒服。很多恐慌症病人會跑到急診室去，但是心電圖做了，血也抽了，什麼問題都沒有，被醫生趕回家。因此，恐慌症會伴隨著生理上的現象和心理上的害怕。

我一直在研究恐慌症如何形成，從賽斯身心靈的觀點來看，我們活在世界上，主要是意識心，意識心對外的那一部分就是所謂的自我，自我本身直接與外在世界打交道，必須對準這個時空的焦點，處理很多跟物質世界相關的事情。

就自我的本質而言，多數人的自我都相當孤單，因為自我從小到大要面對學業、困境、婚姻等生活上的瑣事，承擔很多責任，但是從周遭的親朋好友身上得到的支援有限，有些問題沒人幫得上忙。像有位學員被愛滋病患者的針頭扎到，這種事即使朋友的交情再好，也幫不了她，或是像ＳＡＲＳ爆發流行、失戀痛苦、身體不適的時候，也沒有人幫得了我們。

以前的人類比較幸福，因為他們有宗教信仰，會認為上帝與他們同在，或是被佛力、佛光所加持，受到神佛的護佑。目前這種信仰虔誠的教徒越來越少了，很少人會在SARS來時，聲稱自己有神功護體或是篤信了某種宗教，而不會感到害怕。

人的自我往往奮力向外衝，忽略了向內看，一碰到困境就會恐慌不安

人的自我一直都是倍感孤單，獨自面對五光十色的世界、天災人禍、生老病死，為什麼？因為過去一、兩千年來，我們的自我被訓練成向外看，擅長於物質空間的操縱，所以科技越來越發達，蓋房、造車、造船，橫渡大海，探索每一寸土地，甚至登陸月球。

可是自我奮力往外衝的時候，卻忽略了如何向內看，無法感受到背後有個完整的意識心和神聖的內我提供支持，一旦碰到困境，第一個反應就是恐慌，不安地想著：「到底誰能幫助我？誰能拯救我？」感覺束手無策，獨自面對這麼多的挑戰，周遭似乎沒有人能真正瞭解自己內心的孤單，也沒有一股力量真的幫得上忙。

本來人類一直以為，科技越發達，就越有安全感，醫學越進步，就越不

會受到很多可怕的東西威脅，事實並非如此。我覺得整個人類已經到了存亡關頭，這麼說一點都不過分，因為現在絕大多數的人都活在恐懼不安當中，似乎只要一個外在的危險發生，沒有什麼力量幫得上忙。

看看愛滋病、癌症、憂鬱症就知道了，像憂鬱症是因為一個人格要獨立應付那麼多的外在壓力，承擔生存的責任，可是並沒有覺得自己受到支持，而且人的自我在科學發達的情況之下，已經失去了與內在的連結，人活在地球上、活在宇宙中，不覺得自己平安喜樂，這樣的不平安、不喜樂，似乎會隨著生活上每個事件的出現，立刻浮現出來。

像我們有位在急診室工作的學員，本來也是個盡責的護理人員，結果一時疏忽，被愛滋病患者的針頭扎到，所有內在的恐慌完全爆發出來，從此之後戰戰兢兢，擔心下一個病患有沒有愛滋病？有沒有梅毒、淋病？不會知道下一秒鐘安不安全，像這個東西不是科學能計算得出來的。

23-2

創造力十足的靈魂若在物質世界受委屈，無法為熱情而活，就寧願不活

我還是要改變一下大家看賽斯書的心態，賽斯書不像雜誌，可以一頁一頁翻著看。賽斯書的內容很濃密，有時候一次只能看一頁，沒辦法看太多，需要很多的直覺和理性並用，才看得下去。

我之所以會提到這件事，是因為昨天幫一個肺腺癌個案諮商，我問他：「當你的人生越往前進，會不會變得越來越實際和現實？」我這裡的現實並沒有帶著貶意，而是說我們已經太習慣用物質的角度來思考，太實事求是。例如，去相親時，一看對方不是我喜歡的類型，等一下離開時就各付各的，如果是我喜歡的類型，而且有機會交往，就會幫她付錢。或是我覺得某個人將來對我的事業有幫助，對他會比較客氣，可是另一個人對我沒什麼利用價值，即使他很善良，有人情味，我也不要浪費時間跟他說話，這些就是我所謂的現實。

後來所謂的現實變得很實際，比如有錢就有尊嚴，有尊嚴就有面子，沒錢就是失敗，沒有尊嚴。這種現實主義變成了不管一個人有多大的才能，都必須為五斗米折腰，或是不管一個人多麼善良，只要形勢比人強，人在屋簷下，就不得不低頭。

很多現實主義的人會讓自己的理性變得實事求是，做每件事都問自己：「做這件事對我有沒有好處？」例如，練瑜伽是因為人家說可以變得健康，而不是因為在練瑜伽的過程能感覺滿足；或是像很多人在商場上的朋友很多，但都是基於利害關係而結交的朋友，跟某個朋友出去應酬，是因為對方能幫忙拉生意，沒有了生意關係，跟對方就不再聯絡。

到後來，人的靈魂會完全跟現實妥協。比如說，假設我是個有天分的畫家，現實主義者會說：「有幾個畫家能賺錢養活自己、出人頭地呢？歷來的畫家多半都是死後才出名。興趣無助於現實。」於是，我捨棄興趣，去當貿易商，因為做貿易可以讓我西裝筆挺，有錢、有地位。

像我有個個案考上鶯歌高職的陶藝科，她跟媽媽說：「媽媽，我們鶯歌高職就屬陶藝科最有名，鶯歌就是陶瓷鎮嘛！」媽媽說：「妳念那個有前途嗎？外面要找的是祕書、會計、助理，妳要念資料處理才容易找工作，念陶藝難道要每天幫老闆捏陶嗎？」最後女兒被迫從陶藝科轉到資料處理科。

我舉這些例子是要讓各位知道，在每天的生活中，我們是如何讓自己的靈魂在暗夜中哭泣，原本那充滿著創造力、理想、熱情的靈魂，是如何在物質世界中受盡委屈。一旦靈魂在人生必須壓低姿態，無法為真正的熱情而活，就不想再活了。所有人都從「只要我可以，凡事就能成功」的青少年，變得開始認清現實，而那些越認清現實的人，在現實世界可能適應得越好。以世俗的標準來講很成功，但對靈魂而言是一大失敗，因為他們已經把靈魂裝在無法逃脫的鐵籠子裡，導致身心痛苦不堪。

比如說，某甲當年結婚時，本來想嫁給一個自己很愛的人，但對方是窮小子，於是後來嫁了一個能在經濟上提供保障的先生，這兩種人生會有所不同。我要請每位同學自我檢視，看看生活中做的決定是偏靈魂的快樂原則、創造實相取向？還是偏現實、實際取向？如果越偏現實取向，失去的快樂就會越多，不過我不是要大家沒有現實感，因為靈魂需要均衡發展。

靈魂來到人間是要打破現實，以彰顯靈魂的創造力和高貴的品質

我們的靈魂來到人間，擁有肉身、擁有每天的生活，但靈魂不是來適應現實的。父母常告訴孩子：「你要好好適應現實，才能在現實社會當中過得很好。」其實不然，我常常跟很多孩子、青少年說：「人就是來打破現實，重新創造新的現實，才能彰顯靈魂的創造力和高貴的品質。」一個人如果活不出靈魂的品質，寧願不活，這跟很多自殺、憂鬱症、得癌症的人有百分之百的關係，因為那些人就是不斷妥協，很多事情他們光是想不可能，就不會去做了。

以一位學員為例，在過去的生活當中，她不斷對經濟困境、對工作、對夫家生活妥協，於是漸漸成為活在牢籠中的人，所有的生活都是為了在現實當中活下去，而現實的力量如此冷酷和龐大，彷彿一堵厚厚的牆向她逼近，到最後靈魂還有飛翔的空間嗎？當靈魂失去了所有飛翔的空間，就是翅膀要斷掉的時候了。

有時候賽斯會對魯柏和約瑟說：「我是個老到不能再老的靈魂，可是我仍然勇於冒險、創新，不對現實妥協。」當一個人對現實越妥協，現實只會變得越巨大而不可摧毀，妥協到後來，不願意再嘗試，讓自己無路可走，陷入絕境，甚至得到癌症。

我常舉愛迪生為例，他為了發明電燈，至少試了上千遍，可是在現實當中，很多人試一遍、兩遍、三遍，覺得沒有用，一輩子就不會再試第四遍了。我希望大家試了一千遍以上，再來跟我說：「許醫師，好像有點行不通耶！」不要急於放棄，只不過試了一千遍而已。我要大家活出靈魂猖狂、不屈服的本質，因為靈魂本來就是來創造實相的，不是來對現實妥協。當我們的自我越對現實妥協，靈魂就越沒有出口，開始作怪了。

23-3

自我為了對準當下的時空窄化焦點，但要適時散焦以免失去彈性

賽斯曾經評論過約瑟的疾病，由於約瑟非常神經質，對生活產生很多恐懼，缺乏信心，以及約瑟對於自己的藝術能力如何使用缺乏焦點，這些部分開始累積，導致約瑟的自我被禁錮在一層一層由同心圓圍起來的牆，自我底下潛意識的療癒能力和活力受到阻塞，無法釋放。這種情形也會發生在每個人身上，因為自我的恐懼、神經質，缺乏信心和生命強而有力的焦點，都可能變成一堵牆，禁錮了我們內在的心靈能力。

自我是我們的意識心要來人間操縱的工具，也是意識心最直接與時空打交道的自己，能讓我們的焦點窄化。我常打一個比喻，使用過望遠鏡或顯微鏡的人會知道，放大倍數越高的顯微鏡視野範圍越小，集中焦點代表必須排除其他的訊息，而自我之所以很容易狹隘，就是為了透過狹隘才能運作，可是這並不代表自我永遠只能狹隘。像照相機的鏡頭，可以往外伸、往內縮，往內縮視野越廣，整個畫面會變得比較小，往外伸視野越窄，但是照得越清楚。

自我就是要把我們的靈魂窄化到一個狹隘的時空，否則意識心太廣闊，永遠在過去、現在與未來，當下就無法操作。假設朋友在跟我打招呼，我正在三年前神遊，那會變成什麼樣子？就像有些喝醉酒或臨終的人，時空完全錯亂，自我已經昏睡，時空無法聚焦。因此，自我就是要讓我們聚焦的那個部分，但是聚焦久了，也要能散焦，否則失去彈性，自我會出問題。賽斯思想是要讓自我擴大、有彈性，讓自我能散焦，而不是永遠用狹隘的焦點，只用很具體的現實時空角度來看每件事。

自我對於人類的生存極端重要，讓我們將焦點窄化，才能對準當下的時空，如果自我亂掉了，打獵時我會打昨天經過這裡的鹿，因為牠存在於我的印象中，而不會去打今天經過這裡的鹿，要是把昨天的焦點拿到今天來用，就沒有鹿肉吃，所以，自我不得不現實。現實原則並沒有不好，具體操作也沒有不好，關鍵在於人類把自我用得「過度」了，就像承擔責任沒有不好，

但是過度就很麻煩。

自我必須輕輕放下，不能過度緊張，才不會陷在物質世界的監獄中

每個人的藝術才能、自我療癒能力都不屬於自我，而是屬於意識心、屬於身體意識、屬於內我。就像閃光燈是用來閃光，不是用來聚焦，功能不一樣。有時候自我或多或少會捲入恐懼，怕沒錢、怕病好不起來、怕配偶外遇、怕被老闆炒魷魚、怕孩子沒有未來。如果不培養身心靈的能力，自我就會捲入各式各樣的恐懼，這都是自我在玩的小遊戲。

很多爸媽常常抱怨孩子沉溺在網路遊戲，我就會跟爸媽說：「你們自己沉溺在自我的恐懼遊戲裡，而且我覺得你們比孩子嚴重，因為孩子沉溺網路時，起碼還得到快樂。」自我捲入了習慣性的恐懼模式裡，擔心的事情就數不盡，此時自我不再是有效的工具，會變成不斷打我們腦袋的鐵錘，這就是很多人頭痛的原因。

有些人的恐懼不但很多，還會外銷給親朋好友、鄰居，三不五時提醒別人：「趕快去做身體檢查，搞不好你有癌症都不知道喔！」「趕快去保癌

症險，不然得到癌症就來不及了。」自我不能過度嚴肅、過度掌權、過度緊張、過度干涉。如果自我起來當老大，前面的哨兵自己當將軍，前哨站變成參謀總部，此時問題就很大了。

嘗試依賴邏輯推理解決人生問題的人，早晚會被壓得粉碎，像很多得到憂鬱症的人，有個共通的特色：過度依賴理性。而那些沒什麼腦筋、傻傻的人反而不會得憂鬱症，因為他們相信天塌下來會有高個子擋著，只是這種人有時候容易讓別人生病、抓狂。

想依賴自我解決婚姻、課業、財務問題，只有死路一條，因為自我當起了主人，就把其他層面切割，唯有自我輕輕地坐著，才不會讓底下所有的才能窒息。自我只不過是所有潛意識的最表層，表層的前鋒官不能自己當將軍。

如果自我變得「過於」關心實際的事情，像是月薪多少錢？每個月貸款多少？那麼自我會過分地受制於負面的反應、擔心、害怕，而自動創造屬於自我的恐懼模式，恐懼年老，恐懼生病，形成了根深蒂固的不安全感，結果導致身心疾病。關鍵在於自我必須輕輕地放下，大家要不斷提醒自己：我們都是來人間出差、旅遊、學習、考察兼玩耍，才不會逼死自己和別人。我們不是只有物質世界，不要將自己過度陷於物質世界的監獄當中。

認清自己的自我恐懼模式，用簡單而深厚的信心將其一點一滴瓦解

佛洛依德和榮格認為很多東西都是潛意識的根源，這種觀點是不對的。賽斯說所有的恐懼統統不屬於潛意識，而是自我意識自己壓到潛意識，卻又說是潛意識害人，真正害人的是自我恐懼模式。潛意識本來清澈如水，如果沒有自我的扭曲負面模式，根本不會混濁、扭曲。

自我最大的本領是不去面對自己，還去怪潛意識，這也是一種投射，結果竊取了潛意識的力量。所有心理的焦慮、恐懼會在身體呈現出來，變成肉體的病痛、失眠。換言之，自我變成搗蛋的傢伙，而不是創造的工具。潛意識根本沒有問題，身體意識的自我療癒力量也沒有問題，一切都要回來找出自我恐懼模式。

請大家回去檢視，自我是否過度現實取向，過分關心實際的事，自我如何捲入創造負面的模式，而負面的模式又是如何種到潛意識去，縱使自己不

想恐懼，可是心靜不下來。像昨天有個同學在問，他在銀行上班，但是心靜不下來，很簡單，因為他的自我恐懼模式已經種到潛意識了。請回去認清自己的自我恐懼模式，然後用簡單而深厚的信心試著將它一點一滴瓦解掉。

我來分享一個生活小經驗，我在醫院因為無聊養了一些孔雀魚，孔雀魚的特色是不太需要打水，很衛生。剛開始養的時候，有些水蝸牛跟著水草一起來，水草能讓小孔雀魚不被大孔雀魚吃掉，使生下來的小孔雀魚存活率比較高，而水蝸牛會把多餘的飼料吃掉，有助於淨化水質。

水蝸牛很會生，從兩隻變四隻到十二隻。有一次我用吸管幫金魚換水，碰到一個水蝸牛的殼，整個殼就溶解掉了，我覺得很奧妙，這個殼本來就是從這些水當中創造出來的固體，等到水蝸牛死掉了，留下那個殼，過一段時間它又完全消融於無形，溶解在液體裡，給了我很深的體會：固體不是固體，液體不是液體，兩者經常在變化，而物質實相是由精神能量幻化出來的，雖然牆壁是固體，可是就靈魂而言，就像水蝸牛的殼，過一陣子可以整個溶解掉。現實原則也是可以溶解掉的，我們以為不可突破的東西，其實不見得如此。

23-4

核心信念要適時調整，過於僵化會錯失很多實質經驗

（《個人實相》第八十一頁第七行）透過核心信念的形式，會顯現出每個人的特殊氣質和深信不疑的人生觀。以「我是個負責的母親」這個信念為例，本來可以幫助一個女人變成好母親，可是如果玩得過火，這個信念可能也會讓她忽略了先生的需求，甚至讓她變得僵化，不再是完整的個人。

如果負責是指：「我必須做個全天候的母親，別的什麼都不管。」隨時隨地留意孩子是否發生危險，這個核心信念就過頭了，不再以赤子之心或一個獨立個體尚未僵化的好奇心去看這個世界，永遠透過做母親的眼睛去看世界。

比如說，一個六、七十歲，自認為負責任的母親來上我的課，她會想：「許醫師跟我的小孩也差不多呀！」那麼她不會看到真正該看到的，因為她永遠透過僵化的母親角色來看世界。如此一來，難免自絕於很多的實質經驗之外，甚至等到孩子二十歲、三十歲，不需要父母負責了，仍然堅持要做負責任的母親，不讓孩子自己做決定，沒有教會孩子自我負責。

面對這種媽媽，心靈輔導師不是指責她說不該當個負責任的母親，因為她會義正言辭地反駁說：「我當媽媽是一生一世的事情，難道你要我不管兒子嗎？」而是要對她說：「一個真正負責任的母親，是把孩子教到能自我負責，而妳必須開始追尋妳的快樂生活，讓孩子看到妳能為自己的生命負責，如果妳一直為孩子負責，他就無法為自己的生命負責，那麼妳反而變成了不負責任的母親。」

如此一來，就能破除她原來的信念，開始思考：「原來負責任的母親意味著孩子在慢慢長大時，我要讓他自己做決定，為自己負責。我的負責任意味著我把孩子教導成能獨立自主，縱使犯錯也知道怎麼彌補。」所有心理治療的技巧，都在建立所謂的橋梁信念。

我再講個讓大家思索的信念：「一段有外遇的婚姻，就表示這個婚姻失敗。」如果仔細分析起來，這個信念不一定對，可是我們理所當然認定對方外遇了，就表示不愛我，這是一個信念，不代表事實本身。所以人要常常自我覺察、內觀，看看到底是哪些無形的線在拉著我們，牽動著我們的情緒，因為每個情緒的背後也有一個信念，我們要向內去尋找內在意識心裡大大小小的信念。

賽斯又說，「一個負責任的母親」這樣的信念，可能非常頑固，比如說媽媽覺得負責任代表要保護孩子，在先生教育孩子或責備孩子時，馬上介入，結果適得其反，讓父子衝突更劇烈。其實在那個當下，一個負責任的母親不是要保護孩子，而是要幫助孩子和先生溝通，讓父子學會如何相處，解決問題，才不會妨礙了先生和孩子之間情感的交流。

23-5

時間是雙向的，為了讓未來的事情發生，才回到現在創造發生的基礎

（《個人實相》第八十二頁第六行）我們抱持的某些「基本假設」其實也是核心信念，對「時間」的意念就是其中之一。例如在《未知的實相》裡提到遺傳基因，很多人以為遺傳基因是從過去作用到現在，賽斯說不是，與其說遺傳基因是從過去作用到現在，不如說是從將來往回作用到現在。

舉例來說，要是一個人得到癌症，大家馬上會想：「過去發生了什麼累積到現在而得到癌症？是飲食？放射線？遺傳？還是壓力？」我告訴大家，得癌症的原因可能不是發生在過去，而是在未來，因為這個人看不到未來的希望在哪裡。遺傳基因預估了一個沒有希望的未來，所以現在就劃上了休止符，不想走下去。癌症基因的突變是因為未來，而不是過去。很多人以為遺傳是從過去、從爸媽那邊而來，其實不是，很多遺傳是從未來作用到現在。

基本上時間本身是雙向的，為了讓未來某些事情發生，才回到現在創造讓它們發生的基礎。例如，某甲準備公職人員的考試，是因為過去還是未來？未來。假設那個想要的未來存在，他才要去追求它，而不是因為過去。這裡要打破大家的時間觀念，人不必活在過去的陰影。

我常跟很多人講：「拜託，不要再找過去的陰影了，想想你未來要怎麼過比較實在，過去的都過去了，再想有什麼用？」可是有些人會說：「我就是過不了呀！」像我最近也在幫一個躁鬱症病人，我說：「你這樣一直回去找爸爸的麻煩，是在毀掉你的未來，你為什麼不想想自己的未來？如果覺得未來還有光明、希望，就放下過去的仇恨，不要讓心繼續停留在過去，而是要展望未來。」

一般的心理治療比較少展望未來，可是我們這邊的心靈輔導員，不只能幫助個案回顧過去，還要能幫他展望美好的未來。很多人之所以得到絕症又奇蹟似的復原，就是因為看到了想要追求的未來，於是再度提供基因存活下去的力量。

很多人因為自己的過去而不努力，或放棄了希望，我則是因為看到了美好的未來，所以願意去努力。我要鼓勵大家一起來看到美好的未來，而且一起創造，現在的生命就會完全改變，那個美好的未來也許是豐衣足食，也許是豪宅名車，也許是自在滿足。一旦未來確定了，現在就充滿了活力，去想像、去相信都可以，「相信」是基因最重要的力量。可是，科學家不知道人是因為信念而活下去，不是因為有沒有流感疫苗。

觀點無分對錯，學會用不同的觀點看事情才能擴大自己的覺察角度

賽斯建議我們透過聯想來瞭解自己的思想，是指不要過度依循邏輯，有時候常常要無厘頭的思考，學會聽聽別人在說什麼，不要太堅持自己原來的想法，因為別人會那麼說，表示可以用不同的觀點來看同一件事，雖然我們不見得認同他是對的。我常跟大家講，別人的觀點不是來讓我們認為是對是錯，而是要擴大我們的觀點，並不是別人對，就代表我們錯，或是別人錯就代表我們對，信念永遠沒有對錯，只存在著擴大和更多的覺察。

這正是我自己架構人格的方式，因此，我經常可以很快地跳開一個是非和分別的標準，而不是用建立對錯的標準來看一件事。大多數人的信念都是

透過對錯，比如說，想要台獨的人會覺得統一是錯的，想要統一的人會覺得台獨是錯的，彼此敵對，不會接納對方。

賽斯講過，人們為什麼有那麼多敵對？為什麼不同政黨的人要仇視對方？為什麼不同宗教的人要互相歧視？因為他們害怕愛，愛敵人是很可怕的事，會造成很多內心的衝突，比如說，如果我們的總統發現自己很愛對岸的領導人，或對岸的領導人發現自己很愛台灣的總統，那他們怎麼解釋彼此的那種對立？

很多時候我們害怕被愛所淹沒，所以不容許自己跟對立的人之間產生愛，尤其是怕愛上自己的敵人或是與自己立場不同的人，那真是內心很大的衝突，就像羅密歐愛上茱麗葉，雙方家族是死對頭。可是說實話，只有真正的愛才能化解對立的立場。

23-6

先將自己杯子裡的水倒空，拿掉過去的觀念才能虛心學習

（《個人實相》第八十二頁倒數第三行）賽斯要我們打散思想，就是指彈性思考，打散我們的人生觀，重新開始學習。我常說，想學習就要先把自己杯子裡的水倒空，拿掉過去認識的很多觀念，虛心才學得到東西，否則一邊學一邊罵，可能會學不到東西。我們要知道自己是否真的理解對方說的內容，還是只用自己的觀點在斷章取義而妄下評論。

比如說剛剛有個同學問我：「幻聽真的是來自潛意識嗎？」其實這個同學在問我的時候，可能就要先瞭解我所謂的潛意識是什麼意思，像是如果有個異次元空間來的人在跟我說話，那是不是來自潛意識？也是呀！因此，要先瞭解我所謂的潛意識是什麼意思，才能達到真正的溝通。大多數的時候，我們都站在自己的世界對別人的說法斷章取義，用我們的意思去詮釋對方的意思，很少真的能瞭解別人的意思。這就是所謂的傾聽。

若要當個很好的心靈輔導員，首先得讓自己放空，放下自己的批判、執著、觀點，以對方的角度、思考邏輯來看事情，而不是用自己的思考邏輯去批判對方的思考和行為。可是用對方的思考邏輯想事情，目的是為了瞭解他，並不代表他是對的。例如要瞭解男人，就要先瞭解男人如何想事情，如果一開始就認定：「男人這樣想就是錯的，他怎麼可以這樣想？」那還能瞭解他嗎？絕對不能。瞭解跟對錯無關，而是知道他以什麼信念在想事情。

我們講到心靈輔導有個很重要的訓練，是如何把自己放空，能傾聽對方說三十分鐘的話而不插嘴，唯有真的聽懂他在說什麼，才能站在他的立場幫助他，這是大家都可以培養的能力。

思想越不受到制約，越能過著快樂自在的人生

這裡我們講的技巧就是打散思想和自由聯想，透過自由聯想來瞭解自己的思想，大家要開始有意的胡思亂想；胡思亂想是要經過訓練的，否則會越想越亂。我的門診個案常常會胡思亂想，例如，睡不著胡思亂想、心情不好

也胡思亂想，他們平常沒有受過訓練，像是沒學會游泳的人，丟到水裡會害怕。一旦學會了胡思亂想，就不會害怕胡思亂想，而且會很快樂。

像我是個非常會胡思亂想的人，而且真的都是天馬行空的亂想。一個人的思想越不受到制約，就越能過著快樂自在的人生，很多偉大的發明和人生的智慧都是來自於胡思亂想。舉例來說，有人失戀了，朋友拍拍他的肩膀說：「嘿！自由囉！」或是女性友人離婚了，跟她說：「不用靠男人，也不必再看男人的臉色喔！」這是不是來自胡思亂想？其實也沒錯呀！

越學會胡思亂想，就越不會陷在思想的迷宮，像是一位很熟練的家庭主婦，回到家看到廚房很亂，一下子就能將所有的東西歸回原位；如果是不會收拾的家庭主婦，回到家看到這麼亂，會不知所措，放聲大哭：「我的廚房怎麼那麼亂？」請問大家想當哪種家庭主婦？一定是會收拾的！所以平常就要訓練自己胡思亂想的能力，訓練自己與各式各樣不同思想的人打交道，知道如何用對方的邏輯跟他說話，如此一來人生才會豐富。

有時候我在看電影，也會訓練自己胡思亂想的能力，一邊看一邊想：

「如果我是這個角色，會怎麼辯解？如果我是那個孩子，該怎麼解釋？」站在每個角色都可以說出一番道理，透過胡思亂想才會抓到真正的重點。

第24講

24-1

賽斯書是由不具肉身的賽斯，透過地球上肉身的自己（魯柏）完成

常有人問：「賽斯是什麼？」賽斯是已成道的心靈導師，如耶穌、佛陀，是偉大的說法者。他自稱為不再貫注於肉體形式的「能量人格元素」，說法一是他於十六世紀成道，那是他的最後一世；說法二是魯柏也是賽斯的肉身。

很多人誤以為賽斯是附體靈魂，附在魯柏身上傳賽斯書，真實的說法並非如此。我常打一個比喻，像釋迦牟尼佛在當悉達多太子時，是他在地球輪迴的最後一世，他在最後這一世成為佛陀。釋迦牟尼佛本身有沒有在通靈？有，他跟法身佛通靈。

以前我常跟學員說，像《華嚴經》這部經典並不是釋迦牟尼佛本身寫的，因為肉身佛（肉身成道的佛）的知覺力仍然有限，所以《華嚴經》是由法身佛透過釋迦牟尼佛的肉身來傳述，就像魯柏進入出神狀態容許賽斯來傳賽斯書一樣。

以同樣這個比喻，魯柏在傳賽斯書的這一世，也是他在地球最後一世的輪迴，如果以傳統宗教的說法來講，可以說魯柏已經得道、開悟、解脫，完成了他這個本體在地球上所有輪迴的任務。一般而言，只有在最後一世輪迴成道的人，才具備足夠的份量、智慧、程度來傳這些資料。

一個開悟得道的法身佛不再貫注於地球，必須找一個在地球最後一世成道的肉身佛來寫書，這就是賽斯書的傳承。魯柏其實也是賽斯在地球上肉身的自己，所以賽斯書的內容才如此透徹、究竟、有智慧。

佛經還分等級，像《華嚴經》就是等級非常高的佛經，甚至不是佛陀的程度寫得出來，而是法身佛藉由一個已經開悟、得道、解脫的佛陀寫出來。就像《聖經》裡面有沒有耶穌轉述上帝說的話？應該是有，耶穌是最後一世，也是所謂的肉身成佛，整個基督教的傳承是透過開悟解脫的耶穌，直接跟神、跟上帝溝通，將上帝的愛、慈悲、智慧傳下來，影響了地球人類兩千年的命運。

佛教也是如出一轍，由一個智慧很高、開悟解脫的佛陀，與阿彌陀佛、彌勒佛、毗盧遮那佛等法身佛溝通。所以佛不一定在地球有肉身，像釋迦牟尼佛是在地球上有肉身的佛，叫肉身佛，阿彌陀佛是在地球上沒有肉身的佛，叫法身佛。如果以這個比喻來說，賽斯就是佛的意思，而且是屬於法身佛。

24-2

我們隨時都可以在生命的每一瞬間喊暫停

先來講一個概念——有限和無限。我最近的新書是《你可以喊暫停》，這個書名滿不錯的，延伸出來的是：我們能不能對煩惱喊暫停？對夫妻間的爭吵喊暫停？對糖尿病、高血壓或癌症喊暫停？對自己苦難的人生喊暫停？今天我要告訴大家：「你可以喊暫停。」疲倦時，對疲倦喊暫停；厭倦了工作、家庭生活時，可以喊暫停。如何暫停？就是我們要說的有限和無限。

人的身體或時間看起來是有限的，比如說今天會過完，明天一定會來，麵包是有限的，吃完就沒了；存款是有限的，三年花掉三百萬，就所剩不多。可是，開始修煉賽斯心法後，首先學會喊暫停，我們要進一步帶大家進入無限。一進到了心靈，在某一瞬間會覺得生命是無限的，一切統統可以無限，在心理時間或入定時，真的可以喊暫停。像我以前關節炎發作，痛到想把腳砍掉，我藉由進入心理時間或入定的狀態，來對它喊暫停。

像有時候同學心情不好、憂鬱沮喪，很想逆轉這個局面，卻彷彿無能為力。我現在要教大家如何喊暫停，讓自己進到一種心靈的開闊空間。只有暫停了，才能放慢動作，像是吵架吵到一半，說：「停！你剛才說了什麼？我說了什麼？我們暫停，來回顧一下。」我們隨時都可以在生命的每一瞬間喊暫停。

我打過比喻，比如說在看ＤＶＤ時，突然想上廁所，會怎麼做？按暫停；或是看不懂，也可以按暫停，跟別人討論一下剛才在演什麼。對一個已經錄下來的電視節目，我們能不能喊暫停，去度假三個月後回來再繼續看？可以。那現在，我們能不能在人生當中對癌症喊暫停，去度假三個月回來再說？假如是憂鬱症，可以說：「等一下，我現在暫時不想憂鬱，想出去玩，去吃一頓法國大餐後，回來再奮戰。」

如果我們能在看ＤＶＤ時按暫停，人生當中還有什麼不能暫停？愛因斯坦只提出相對論，我告訴大家的是學了賽斯心法後，人生就像一場電影，不但可以暫停，還可以倒帶重來，甚至快轉到三十年後，對老化喊暫停，對不漂亮喊暫停，說：「不漂亮，暫停一下！我去修煉一下賽斯心法。」繞個彎再回來，就變漂亮了。

有時候我們在人生中，想停卻停不下來，痛苦像巨石般滾動，災難像滾雪球般越滾越大，沒辦法手一伸出來就叫它停住。我常舉的例子是基努李維在《駭客任務》第一集的最後一幕，被生化人用槍打，後來他體驗到這個道理，復活後子彈打過來，他就把手伸出來讓子彈停住，掉下去。

多少人的人生痛苦、煩惱、工作壓力、老化、卡債接踵而至？癌症有如子彈一樣打過來，一期、二期、三期、四期，緩解、復發、又轉移，快被子彈打死了。賽斯心法就是要我們把手伸出來，請它暫停，先去上個廁所再回來，這就是我們創造實相的力量。

學會喊暫停就能進到無限的內在世界，讓心靈得到滋養、智慧、愛

我們要有那樣的智慧與魄力，跟疾病和痛苦說：「對不起，暫停一下，我沒空跟你玩，我先上個廁所再回來。」人生像一場電影，電影像一場人生，大家要知道如何喊暫停。甚至連疲倦來了也可以暫停，因為在有限的表

象底下，是無限的心靈能量和潛能，我們的智慧是無限的，生命中所有一切都是無限的。一定要記得把手伸出來，對痛苦、悲哀、壓力喊暫停，這就是我們一直在修煉的賽斯心法。像進入心理時間就是在暫停，讓生命停下來，進到心靈的領域。

但我的意思不是說，喊了暫停等一下再回來繼續受死，而是在暫停的過程中，能得到身心靈智慧的成長，再回來面對人生，遇到同樣的問題時，早已非昔日吳下阿蒙。

我常常告訴很多同學，不管是得了憂鬱症、癌症，或是在人生中吃了很多苦頭，只要來到我們這裡，就是在喊暫停，先對所有的病痛和痛苦喊暫停，來到這邊就進到一個無時間性的領域，不會變老，因為這裡就是香格里拉，沒有時間，每個人好像都變年輕了，越來越像孩子。在這裡學習、成長、訓練後，再回去面對原來人生的困難會不一樣。不是經過我的加持，回去一下子就沒電了，然後又回來充電，而是來這裡突破有限的時空，學會了什麼時候喊暫停，進到無限的內在世界，讓心靈得到滋養、智慧、愛。

每個人都要用這樣的心境看待自己的生命，看待所有這些過程，甚至來看待要學習的賽斯心法。沒有概念的人，請看《駭客任務》第一集，基努李維如何從一般人變成很厲害的人，雖然最後不免一死，但死後又是如何復活，然後變成高手。這就是我們在修煉和學習的過程，而且這個修行是全世界最快樂的修行，因為抱著遊戲性的心情，很好玩，不像以前的苦修。

讓我們對人生喊暫停，進到內心的心理時間，出來後，所有過去認為解決不了的問題，統統可以解決，就這麼簡單，不要再憂鬱了，實在划不來。如果在人生的道路上，隨時可以喊暫停，那麼我們的生命會有多少的餘裕和創造空間？就不必一直苦撐，到後來只有死路一條。

進到心靈的香格里拉，想要多少時間就有多少時間，以為時間有限的人，是因為還沒有學會喊暫停。我告訴大家，時間是無限的，很多人說：「期限到了，做不完，怎麼辦？」那都是幻相，一進入心理時間喊暫停，連細胞都可以停下來。

做心理時間練習會覺得神清氣爽，獲得額外的能量，且療癒疾病

有學員問：「時間不是同時存在的嗎？那該如何暫停？」

我回答說：「我剛才打過一個比喻，就像我們平常看DVD是直接播放到結束，而有些人可能學會按暫停鍵。人生也是一樣，大多數的人生從生到死一直過下去，但是很多痛苦是出於入戲太深，此時要開始喊暫停，不管是靜坐冥想或聽音樂，都會產生暫停的效果。」

「舉例來說，我們去電影院看電影，可不可以暫停？通常不行。可是如果拿出一顆手榴彈，告訴工作人員：『你給我暫停，不然我要引爆。』這時候就可以暫停了。很多人不瞭解，人生其實就如同我們自己在家看DVD，可以隨時按暫停，如果生病，可以讓腫瘤暫停生長，一旦學會了這樣的技巧，就是進到心靈。」

「以前從佛法上來說，能夠入禪定就會漸漸產生神通，正是這個意思。透過這個過程，能連接到內心的智慧。現代人的生活很匆忙，前一陣子流行的『慢活』是要我們放慢腳步來活，我們現在不只是慢活，慢活癌症就慢長，我們根本就是直接停下來，但不是入土為安的停下來。停下來之後，接

下來要怎麼樣都可以了，那只是過程而已。」

學員又問：「意思是說，不是時間真的暫停，只是讓那個事情暫時中斷嗎？」

我回答說：「時間有時候真的也會暫停，以南柯一夢、黃粱一夢這些成語為例，主角在夢裡過了幾十年的時間，可是醒過來發現只過了一下子。所以，我們進到心理時間，也許在裡面過了二十年，可是離開心理時間，可能才過了二十分鐘。」

進到了心理時間、心靈的領域，二十年能做的就很多了，因為生命可以隨時延長。就像之前的那些傳說，人們進到香格里拉不會老，一出來就老了，就有點類似這樣的過程。在那裡好像是生命多出來的時間，很難形容，每個人要在自己的內心當中去體會和感受。

做完心理時間練習，會覺得整個人神清氣爽。等大家慢慢掌握到心理時間的技巧，可以在裡面玩很多遊戲，不但疲倦暫停了，還可以獲得額外能量的補充，讓疾病療癒，找到痛苦的原因。再出來時，會更有能力面對人生的問題，因為時間的本質是相對的，進到內心世界會延長，在那裡有很多創造

的空間。

那種感覺就像是把手舉起來，向很多人生的不開心、病痛、煩惱喊暫停，讓生命可以得到喘息，彷彿有個平台，可以在上面學習、成長、操作。覺察到自己疲倦、煩惱憂鬱時，暫停一下，整個心境又會煥然一新，得到心靈的補充，感覺經常能處在很愉悅的心境當中。

24-3

核心信念源自於過去已發生的經驗，或可能發生而未曾發生的經驗

我們這裡探討核心信念，在賽斯理論裡，核心信念是我們抱持的人生觀，而且對此深信不疑。我講過，大部分憂鬱症病人的人生觀比較悲觀，抱持的核心信念都偏負向思考。比如說，我最近遇到一個恐慌症病人，在探討核心信念時，他告訴我說，凡事他都先預設不好的下場，可是把不好的想完後，並沒有放下，開始去建立正向的核心信念，於是他運用信念、情緒再加上想像力，讓整個人生畫面變得很負向，到後來自己精疲力盡。

另一個算是強迫行為的個案，每次開車經過一個地方，都要回頭兩、三次，看看剛才有沒有撞到什麼東西。我發現他這個強迫行為只不過是個轉向行為，探討起他的生活史、情感、事業、家庭都沒問題，後來探討出一個核心信念，他認為：「如果我的生命出現一個小差錯，就彷彿汽車的擋風玻璃有個小破洞，最後整片都會破掉。」所以他一直在查看有沒有一顆小石頭，砸到了生命的擋風玻璃。

他擔心如果開車出門，萬一不小心撞死一個小孩子，下場是什麼？第一、可能立刻失去工作；第二、鉅額的賠償；第三、家庭全毀，因為一家之主的爸爸沒有了，太太的生活、孩子的未來怎麼辦？再想下去不寒而慄，他的人生如此脆弱，不堪一擊，只要一顆石頭以高速撞上，後果不堪設想。

我問大家，這種事情有沒有發生過？應該有吧！比如說出國被人偷偷在皮包裡塞了一小包海洛因，過海關時查到，走私毒品及槍械最高可處死刑，是不是會因為這個小事件毀掉一生呢？有可能，既然如此，要如何安寢且食而知味？因此，很多人的人生畫面越完美、生命越幸福，心裡激起的恐慌就越大。

這位個案回頭在看有沒有撞死小孩、撞到東西時，事實上是在擔心整個人生畫面在剎那間被摧毀。再回去探討他的童年，是否曾經發生過一場意外，讓他的人生差一點被摧毀？可能這個事件實際發生過，也可能是想像中以為差一點會發生，不論如何，在想像的世界裡已經發生了，因為影響我們心智的不是實際發生的事，而是我們以為會發生的事，所以常常目睹暴力的兒童比實際被打的人可能受傷更重。

像我輔導過一個高學歷的精神分裂個案，從小看弟弟跟爸爸對抗，被打的人可以反抗逃跑，沒被打的人永遠躲在那邊擔心什麼時候會被打，他內在這個定時炸彈從來沒有解除。我在《我不只是我》那本書講過，會影響我們身心的事件有兩種：一個是實際發生的，另一個是想像中可能會發生的，都會直接影響我們的細胞。

因此這個個案曾經埋入一個深深的核心信念，那個核心信念可能源自於過去的經驗，或是過去可能發生而未發生的經驗。而那些未發生的事件，在心智上反而讓他更擔心，因為一個在明一個在暗，他的內在一直醞釀這個畫面，最後從思想產生行為，才會不斷回頭去檢查。他建立的核心信念是：一個小小的差錯可能毀掉一生，必須竭盡全力預防那個小小的差錯，以防生命全面被毀。這時候若要治療整個疾病，必須瓦解他的核心信念。

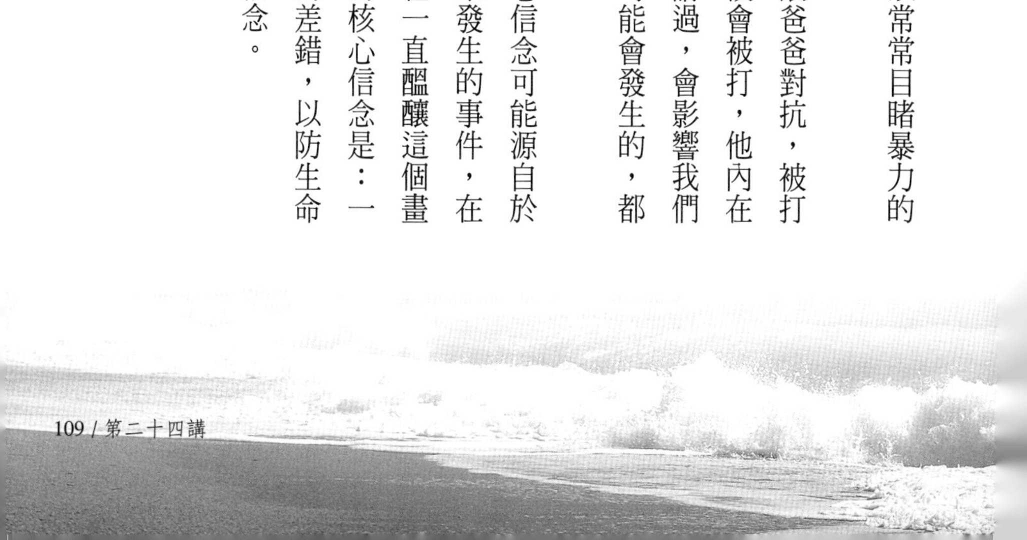

要隨著時間將曾深植於潛意識的信念汰舊換新，再植入新信念

在《個人實相的本質》第三十八頁，提過一些核心信念，例如相信人生是苦。我們說每逢新年到要除舊佈新，可是很多兒時的信念，在過了有益的期限卻尚未除舊佈新。像是一個三歲小孩相信父母是萬能的，不會犯錯，這是個正當且有益的信念，因為小孩本來就要全心全意信仰父母，才會存活下來。但是到了三十歲還相信父母不會犯錯，就麻煩了，表示從三歲到三十歲之間，這個信念從來沒有成長過。

每個信念都有時效，過了每個生命的階段，一定要不斷調整，否則會碰上麻煩。像是孩子剛出生時，媽媽要建立一個信念：孩子比先生重要，不然孩子怎麼活下來？但是孩子上國中，如果還抱著「孩子比先生重要」的信念，就等著先生外遇吧！

很多人從來沒有真的看入自己的內心，隨著時間逐年將曾經深植於潛意識的信念汰舊換新，再植入新信念。也就是說，對於過了有效期限的信念仍緊握不放，這就是生命痛苦的開始。例如過了四、五十歲還相信美貌是一切的女人，麻煩就大了，會開始去拉皮、減肥、隆乳。

每個同學都要回去檢視，看哪些信念當初有益，現在過期了。像我常講，大人給小孩的信念是：「除了特定親人外，任何摸到身上的手都應該推開。」可是如果這個小孩已經長大成人結婚後，還把任何摸到身上的手推開，那麻煩就大了。所以我們一定要隨著年紀調整各式各樣的信念，查看從小植入的信念現在是否合宜。賽斯要大家常常回去看自己的內在，跟著感受以便找到引發那個感受的情緒。

24-4

疾病和貧窮是自我懲罰的結果，認定自己有福氣才會過富足的生活

（《個人實相》第八十二頁第六行）我們抱持的某些「基本假設」其實也是核心信念。我們對「時間」的意念就是其中之一。在我們的心智裡，也許覺得搬弄一下「對時間的思考」是滿有樂趣的事，也許會發現自己在想：「時間在基本上和我對它的體驗並不一樣。」然而，我們根本上仍相信自己生存在鐘點和歲月裡，一個星期結束，下個星期才來，我們不由分說地被季節的奔流拖著走。我們都被時代的巨輪碾過去，時間一分一秒地壓迫著我們的生命，我們一步一步邁向棺材。

今天有個個案來找我，他有很深的自責和愧疚感，因為他在母親死亡二十四小時後，就把她火化。後來他認識很多學佛的朋友跟他說：「你應該要等八小時，完全不能動她，可是你竟然二十四小時就讓她火化了，什麼都

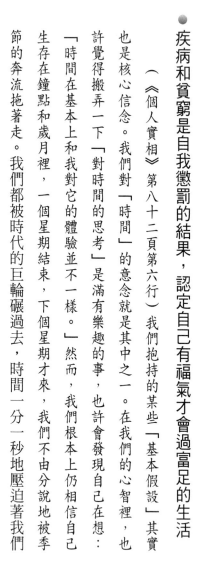

沒有做，你母親一定會下地獄。」

我幫他重新框架，告訴他說，以前很多的習俗是因為醫學不發達，當時的人過世後，無法精確評判是否真的死亡，有些人只是昏死過去，並不是真的死掉，八個小時不動她、不入土、不火化，是怕萬一判斷錯誤，還有時間活回來。可是現在醫學這麼發達，誤判死亡的機率很低，不用在那邊等八小時，看媽媽有沒有活過來，才決定要不要埋葬。

聽我這樣一說，他整個放鬆下來，覺得並沒有讓媽媽的靈魂走入地獄。何況賽斯講，死後到地獄的人會比較早醒過來，到天堂的人不容易醒過來，因為天堂的幻相看起來滿舒服的，到地獄的人，受了一段時間的折磨，發現這一切只不過是樣板，是內心自我折磨的投射，反而容易清醒過來。

許多人相信自己死後必須受懲罰，最近我在看賽斯資料，發現自我懲罰的觀念實在是無孔不入，很多疾病都是內心自我懲罰的結果，連貧窮也不例外。很多人為什麼不斷經歷貧窮？在其潛意識信念當中，覺得自己不是好人，沒有福氣，不配富有，華人對好人和福氣劃上等號，所以他們在自我尊嚴、自我價值裡，覺得自己八字不夠重，只配得起貧困的生活。

一個人能不能過富足的生活，與他的內心覺得是否配過富足的生活絕對相關，這就是所謂的核心信念。如果去問很多人：「你覺不覺得自己配得起富足的生活？」他們可能會說：「我沒有這種福氣。」像我問我媽媽下輩子要當什麼？她吞吞吐吐地說：「我想出生在有錢人家裡，最好是當男生，比較不必吃苦。」因為她早年經歷了貧困和當女生的折磨，可是她又說：「不知道我有沒有這種福氣？」認定自己有沒有福氣，將決定會不會過有福氣的生活。

我希望大家開始問自己：「我覺得自己是不是一個有福氣的人？」一個自認為是有福氣的人，會不會去行善？會，他會把福氣跟別人分享，對他而言，不覺得是在做善事。做善事的人不見得會有福氣，因為如果他的自我形象沒有改變，核心信念沒有改變，還是會過得很苦，甚至貧病交迫。一旦建立起核心信念：「我是有福氣的人，我可以過富足的生活，而且把這樣的豐富與人分享。」那麼生活就會截然不同。

開始用自由聯想而非純理性邏輯的方式思考人生

我們的意識常被時間帶著走，我們的實質經驗加強了這種信念，這裡的信念指的是時間一分一秒的過。我們以事件與事件間的「時間流逝」來建構知覺，這種做法本身就迫使我們只專注於一個方向，而打消了我們以其他方式去認知生活事件的念頭。偶爾，我們會使用聯想的方式來想事情，賽斯鼓勵我們有時候不要用邏輯性的時間順序來想事情。

像佛洛依德最早在做心理治療是用催眠，後來他發現一個老婦人每次催眠的效果都很好，原來是那個老婦人把他當兒子，為了讓他的催眠成功所以配合演出這些戲，他覺得徹頭徹尾被騙了，就很不高興，改用自由聯想，放棄了催眠。

我們會使用聯想，一個想法輕易地引來另一個想法。一般我們在結構自己的思想是用「時間流」，可是這裡賽斯鼓勵我們開始用「思想流」來結構念頭，一個思想會導致另一個思想。當我們這樣做時，往往會看到新的洞見。

以憂鬱症病人為例，為什麼怎麼看都看不到未來？因為他是用邏輯思考，推理到後來都是死路一條，可是如果開始用自由聯想的方式，也許會出現契機。我建議大家開始用自由聯想的方式來思考人生、未來，而不是只用純理性、純邏輯、純現實的方式決定要嫁給誰。

在我們的心裡，當事件跳脫了時間的連續，它們彷彿獲得了新生。明白嗎？我們已經打散了思想，把思想由慣常的組織中釋放了出來，那時候才會真正的自在，否則就像永遠只會走高速公路到台北，只要高速公路塞車了，就到不了台北。當我們把邏輯性的思考解放，它們彷彿開始擁有了自己的生命，而生命會找到出路，困境會自己解決，因為困境也是由思考構成的。

思想就跟病毒一樣是活的，我們要讓思想自動繁殖，去找到這個思想本身的道路。常常是我們自己找不到出路，並非人生真的走到盡頭，尤其是在跟朋友聊天時，對方會說：「你怎麼會這樣想？明明就很好呀！事情又沒那麼糟，怎麼會無路可走？」

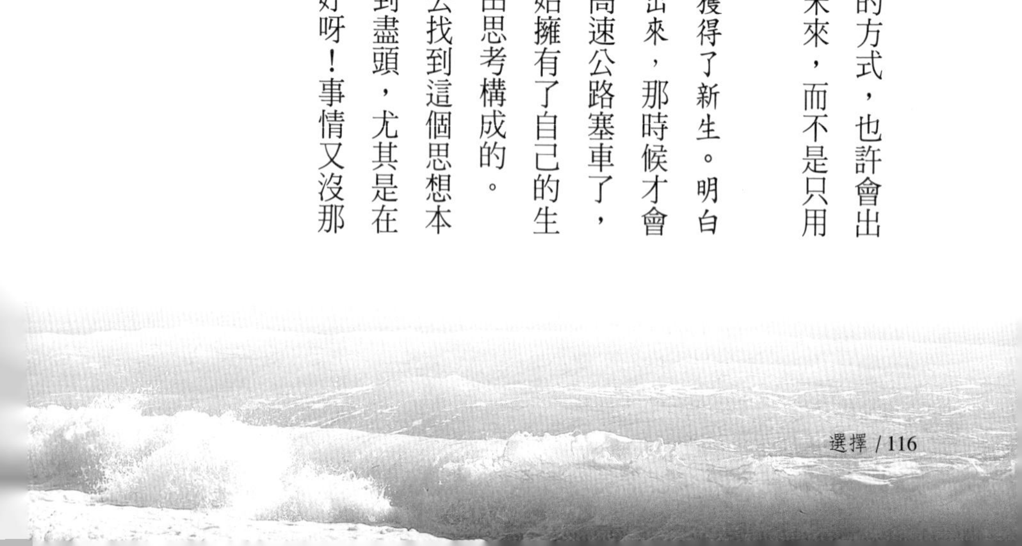

24-5

沉浸在負面思考或不喜歡的情緒裡，首要之務就是接納自己

（《個人實相》第八十二頁最後一行）當我們透過聯想去瞭解思想，而不是透過時間架構來辨識思想內涵，我們距離自由地檢視自己的心智內容已經相當接近了。這裡是指不分別、不批判，像我最近在輔導一個強迫思考的人，他的強迫思考是有一天突然想拿刀子去砍別人的頭，他嚇壞了跑來找我，我給他的第一句話是：「砍頭有什麼了不起！我還剖成兩半呢！」他開始害怕自己的思想，可是我在《許醫師抗憂鬱處方》中提到，越怕這些思想，它們反而就越叛亂。

如果出現想砍別人頭的負面思考，應該不要帶著批判心，不是馬上問：「我怎麼會是這樣的人？怎麼可以有這樣的思想？」結果這個個案趕快去看大愛台，想沖淡他的暴戾之氣，越沖一定越嚴重。他必須接納自己有個想砍

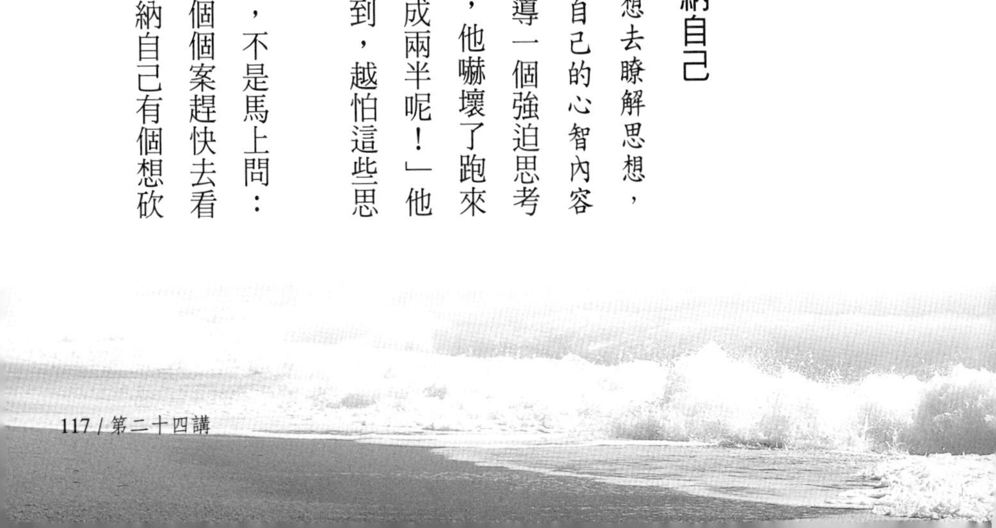

別人頭的思想，因為這個思想一定是來自於他的不平衡，他心裡面有個念頭堵塞了，最後演變成暴力念頭。

賽斯說過一句很重要的話，大家要記得：「當你沉浸在負面思考、或是自己不喜歡的情緒裡，首要之務就是接納，告訴自己沒問題。」感覺不高興、嫉妒已經夠糟了，如果此時又怨恨和批判自己不應該有嫉妒的情緒，那就更慘了。這種自我譴責並不會讓我們的道德高尚，只會把負面的自己推向更深的潛意識深淵，而那個不被接納的自己最後會以強迫思考、強迫行為、幻聽等方式出現。

我最近在治療一個癌末病人，幾乎全身轉移了，他說不想讓我看到連他都很討厭的那個自己，我聽了後聯想到，他這輩子從頭到尾就是把不喜歡的自己永遠壓在潛意識當中，而那個被排斥、被討厭的自己以癌症形式出現。所以我常講，癌細胞的出現正是底層人格在呼救，希望能得到表層人格的接納，癌細胞呼喊：「我再怎麼憤怒、再怎麼不堪，都是你的一部分，接納我，否則大家一起死。因為你就是我，我就是你，否定我的存在權，等於否定你自己的生存權。」

在裡面的自己都會跑出來，那就是我在過去一直沒有面對的自己。

我常會做個有趣的聯想，如果每個人都變成跟自己一百八十度相反的人，能接納那個自己嗎？如果不能的話，更要去演，可以利用假日試著當一下那個人，會有很大的啟發。比如說，買菜從來不屑討價還價的人，哪一天就去跟別人殺價。

人格一定要透過這種方式才能自我整合，而不是自我分裂和排斥，如果自認為很大方的人，找一天來當很小氣的人，如果自認為很小氣的人，就選個週末來當很大方的人。玩一玩，演一演，看那個不一樣的自己是什麼樣子，他可能是潛藏在裡面的對等人格。

用想的也可以，在腦海中演，然後寫出來，如果我是北極，一定有個南極跟我對應，可是我們常常藉由排斥我們所不是的自己，很驕傲地成為我們所是的自己，於是造成了自我的幻相和虛妄。

24-6

對自己的每個起心動念必須清楚明白

（《個人實相》第八十二頁最後一行）但是如果我們放下了時間觀念，而又從其他核心意念去看心智內容的話，我們仍然是在「組織」它。賽斯不是說我們永遠不該去組織那些內涵，而是說我們必須對自己的構造物了然於心。何謂構造物？就是我們對意識心裡面的諸般信念必須了然於心，像修行到後來的人會說一句話：「清楚明白」，也就是對自己的每個動機、起心動念清楚明白。

有位學員提到，常常不知道自己的情緒從何而來，一來彷彿控制不住，我跟他說：「其實是因為你裡面有個自己還沒有跟你整合，也許是小時候的你未被滿足、或是有個自己只要人家講的話不合你意，就不高興，而那個自己正透過情緒失控想跟你連結，顯現出來的效果是你覺得莫名其妙的行為出現在你身上。

「這不代表你不好或是有情緒失控的問題，只是底下那部分的自己已經跟你脫節了，你必須先接納會亂發脾氣的自己，那個自己一定有他的道理、有他的委屈，去問問那個自己為什麼要這樣子？不是質問他，而是同理他，用意識上的你去和裡面的你整合，不要把自己貼上愛亂發脾氣的標籤。」

我們可以去建立或拆散這些構造物，但千萬不要放任我們自己對心中的家具視若無睹。我們在意識裡面必須很熟悉，而不是盲目地碰撞，比如說要從臥室走到門口，有張沙發擋在路上，怎麼走都會撞上。像我們很多的自動化行為，來自於那些從來沒有移開過的家具，這些家具就是我們從小到大建立起來的信念，在過了有效期限尚未移除。

以老化的信念為例，在賽斯的信念裡，光是年齡的因素不會讓身體退化，意思是說，老化有時候是學習到的社會性行為。以術語來說，身體、生理現象是由潛意識控制，而潛意識是活在無時間性當中，我們講過，細胞意識活在廣闊的現在，不知道什麼叫時間，也不受時間的掌控，所以生理現象本來就是活在更深的時間領域裡面。

嚴格相信身上的每顆細胞和器官功能將隨著時間而退化，是現在西方醫學最不智的地方，一旦在潛意識當中植入這個信念，就會在心裡建立時間鐘，走到某個刻度，必須表現出對應的身心現象，比如說五十歲就要老到五十歲的程度，呈現出那個年齡的老化現象，不然就是老妖怪，這就是自動化裝置。

基本上，老化是個心智被催眠、細胞受制約的過程，老花眼也不例外。我常講，轉換念頭沒有壞處，試試看，從今天起，相信老化是由信念決定，而不是年齡或化妝品決定。

第25講

25-1

種什麼信念到潛意識，就會透過身體顯現出來

基本上，我設定就算老了也要當老頑童，像史恩康納萊也是越老越有味道。我認為老不見得不好，一個人經過歲月的洗禮後，會顯現出靈魂的智慧，展現很好的生命品質。

首先，老化不等於健康走下坡，很多人在潛意識當中設定了時刻表：五十歲就該體力不好，六十歲就該骨質疏鬆，七十歲就該心臟病、糖尿病、高血壓。像今天有個病人特地從洛杉磯回台灣看親人，順便來看我，他劈頭第一句話就說：「許醫師，我的遺傳基因不好，因為我爸爸在三十年前糖尿病併發症往生，媽媽在五年前腦溢血七十三歲過世，所以我有糖尿病基因，也有高血壓基因。」

我就跟他打個比喻說：「你爸爸有糖尿病，媽媽有高血壓。你的基因是來自你爸爸和媽媽，你爸爸的基因是來自他的爸爸和媽媽，你媽媽的基因是來自她的爸爸和媽媽。如果再往前推十代以上，你至少有一〇二四個祖先，這些人從頭排到尾，只要有人出現一種小毛病，你就死定了嘛！所以遺傳基因不準，人要靠自己的信念來決定基因。」

可是醫學一天到晚告訴大家：「你有糖尿病的遺傳、有高血壓的遺傳。」這些負面訊息就是在灌輸毒素，一旦相信了這個信念，就準備倒大楣。像上述的病人深信自己身上有糖尿病、高血壓的遺傳因子，這個想法種到潛意識裡，到了五、六十歲沒得糖尿病也會得高血壓，因為信念創造實相，相信什麼，在生命中就會實現什麼。

賽斯說，每個人要小心自己所相信的東西，不管是誰說出來的話，只要相信，就會實現，這句話很重要。他還說，一個相信自己心臟有毛病的人，心臟早晚會出問題，因為潛意識不斷地自我催眠，在這一生灌輸的信念都會透過身體顯現出來。

以前修行的人說身體就是業障的顯現，我對業障下的定義是：我們灌輸給自己的負面信念。從這個定義來看，「身體疾病會成為業障顯現」這句話就完全正確。像上述那位病人相信自己的遺傳基因很糟，爸爸有糖尿病，媽媽有高血壓，那就是他的業障。等到有一天他得到糖尿病、高血壓，就是業障顯現。

一般人不瞭解實相真正的本質，誤以為業障來自外在，其實不然。業障是自己種下的因，種什麼信念到潛意識，顯現出來的就是業障。業障只屬於自己，不是神為了懲罰不好的行為而加諸在人身上，消業障指的是面對自己，自我覺察、觀照，拿掉先前灌輸進去的負面信念、過期的核心信念、不符合內我的信念，即心即佛，這跟做法會、點光明燈毫無關係。說實話，我還沒看賽斯書之前，也不瞭解業障顯現、業障病的意思，賽斯書彷彿讓我睜開了眼睛，看什麼都很清楚。

25-2

夢境裡念頭一來馬上實現，在物質實相臨時變卦還來得及

學員分享：「我上禮拜在跟流感對抗，一直相信自己會好，都沒吃藥，今天一大早覺得好多了，起來洗澡，結果洗到一半頭暈，快休克了，才回想起昨天先生比較晚回來，我心裡想我感冒這麼嚴重，他還不早點回家幫忙，所以他昨晚問我怎麼不去看醫生時，我就有點嘔氣，回答說我想試試看這樣會不會死，沒想到早上真的體驗到要死亡的感覺，從來沒碰過這種事。今天上課提到我們有時候可以嘗試接納自己的念頭，但是萬一這個念頭太超過了，我真的死了怎麼辦？」

我回答：「放心，還有時間修正回來。賽斯說，幸好自我不是全部的主人，潛意識的其他部分會很聰明地自動否決了自我的提議，臨時變卦還來得及。並不是想死的意念一起來，就會死，這是物質實相的好處，還可以讓人後悔。像做夢就不一樣，在夢裡念頭一來，馬上實現，比較難後悔。在物質實相，悲慘的念頭不會立即變成悲慘的命運，所以，透過修行輸入不一樣的信念，一段時間後人生會改變，但在這過程中會碰上創造性的壓力，因為舊信念仍會作用一段時間，這是過渡期。」

每個人都會找到運用賽斯心法的模式，進而實現自我的理想

另一位學員分享：「我在醫院的中醫部工作，剛開始接觸這些內容時，衝突真的很大，因為我受的教育比較容易去質疑，要看到科學證據；思考模式比較理性，之前許醫師來演講，我也是一直問問題。但是，有一次看到中醫師在幫中風病人放血，她很怕痛，一直叫，我去安撫她，不曉得為什麼就冒出一些許醫師說過的話。那位病人大概五、六十歲，她的老公在旁邊一直不停點頭認同，讓我非常驚訝，開始想，原來許醫師講的是對的。後來又觀察一些糖尿病、中風的慢性病人，發現他們也都符合許醫師說的模式。像我自己以前有過敏性鼻炎，每年九月到隔年二月非常嚴重，現在都好了，也不知道為什麼。從這些病人的例子和自己身上發生的事，讓我

漸漸相信這些內容，也會將好的觀念介紹給其他民眾，我覺得這種感覺很不錯。」

這位學員第一次來上課時，有很多的質疑和問題，然後她慢慢覺得：「嗯，許醫師講得也許有點道理，不知道是真是假，就試試看吧！」一試之後，從自己、周遭的人、或第一線的病人身上，發現蠻好用的，於是開始實現自我的理想，還能揣摩出一些心得。我覺得我的這些理論永無止境，絕對不受限，越用越熟悉，越鑽研越有意思，而且每個人會找到自己的模式，很有趣。

最近很多人想再去學中醫，來問我如何結合中醫和賽斯的東西，我覺得很開心，畢竟中醫本身比較接近賽斯的理論，只是現在中醫稍微走偏了，走到證據、藥物，強調科學，不是強調主觀的實現、創造，忽略了內在的部分，我覺得中醫應該慢慢回歸這個方向。

學員繼續分享：「我記得兩年前第一次聽許醫師的演講，充滿了疑問，結束時還問許醫師說，如果這個觀念真的這麼好，要怎麼去影響其他人呢？許醫師說當妳接受這個觀念以後，其他人也看得到妳的改變，自然而然就會受影響。那時我心想，這是什麼道理呀？很有趣的是，我發現我們中醫部的醫師也漸漸走上這條路，大家一起在創造，感覺上整個趨勢就是這樣，不管對我們自己或對患者都蠻好的。」

25-3

隨著歲月、智慧、學習，逐漸將信念汰舊換新，生命才會自在

（《個人實相》第八十三頁第四行）我們的腳指頭踢到一個擺錯地方的念頭，和踢到一把舊椅子一樣容易。我常覺得人生的苦就在這個地方，我要呼籲大家去看，生命中痛苦的背後，一定有個過了有益期限的信念。例如一個剛結婚的太太，在婚後的三、五年，認為先生是她的一切，但如果結婚十五年，還是覺得先生不在，生命就空虛，此時只要先生一外遇，她就垮了。

如果她在婚後第十年告訴自己：「我要開始更獨立自主，慢慢提升能力、智慧，我對存在產生信任，而這股信任不會因為失去那個男人而被剝奪。」這時候如果先生有外遇，痛苦歸痛苦，生命不會被摧毀。

像對小孩子來說，雙親死亡是很淒慘的事，可能會活不下去。如果是在三十歲父母雙亡，這時候的他已經成年，有自己的生命意義，雖然會悲傷難過，但是會有勇氣帶著父母的愛和祝福繼續走下去。要是他還把生命的意義寄託在父母身上，父母不在就活不下去，那是不是過時的信念？

不改變這類信念，生命就是苦，一定要隨著歲月、智慧、學習，逐漸將信念汰舊換新，生命才會自在。即使當初是好的信念，過了一段時間如果還不放掉，就叫執著。

例如某甲是學徒，剛開始跟師父學習，他當然要有一個信念：「師父說的是對的。」不論師父對錯，都要聽命行事，那時候不代表他沒有自我，而是要先相信師父是對的，瞭解師父所有的思考、智慧，不斷嘗試。可是五年、十年後，如果仍抱持「師父說的是對的」信念，就有問題了，此時他要展現自我，改變信念：「師父講的不一定都是對的，適用於師父的不見得適用於我。」

世界上有兩種人，一種人是剛開始學習時，根本沒有放下自我，什麼都學不到。另一種是放下自我，學很久了，自我還沒有出來，也挺麻煩的。所以每隔一段時間，我們都要有新的信念。

信念思想有如家具，有些需要汰換，有些會歷久彌新

事實上，如果我們把自己的信念設想成家具，會對我們很有幫助。這個比喻帶有哲學意味，原來我們的信念是家具，舊了就要換新，人生要輪轉。像很多親子代溝是因為父母喜歡用老式家具，年輕人喜歡用新潮家具，父母的觀念跟年輕人脫節了，根本不能溝通。

賽斯將信念、思想當作家具，家具需要汰換，可是有些像檜木家具，會歷久彌新，越陳越香。如果抱持的信念是人性本善，恐怕這輩子都不要拋棄這個信念，因為它創造了很多善的因緣，請選擇繼續相信！

可以重擺、改造、翻新這些家具，甚至全部丟掉或換新。我們的觀念也是自己的，它們不該控制我們。可是太多人都受到自己的觀念所控制，會說：「我就是這樣的人啊！不然怎麼辦？江山易改，本性難移。」或是很多男人說：「我就是大男人呀！」他就是不願意改，但賽斯說，我們的觀念是我們的，可以改變。

我們有權決定接受哪一些觀念，那麼，就想像自己在重擺這些家具。這

就是冥想，想像自己是室內設計師，經常重新擺設家具，就像很多有潔癖的強迫症病人，每天在洗地板、刷窗子，永遠把家裡弄得乾乾淨淨，真正該弄乾淨的不是家裡，而是心裡，因為心太雜亂了，以為把房子清乾淨了，心就會清靜。

其實心很清靜的人，房子再怎麼亂都很清靜，只要找一塊地方可以躺下來，即使整張床都占滿了，只剩一點空間，躺下來一樣可以自在地呼呼大睡。當然也有另一種可能，就是這個人的心也跟環境一樣亂，所以能融入髒亂的環境，與環境沒有衝突。

我先幫大家建立一個信念：感冒不會傳染。我相信這個信念很多年了，後來感冒都是我去傳染別人，不是人家傳染給我，比如說小感冒，喉嚨癢癢的不舒服，將發而未發，傳染給別人，然後我就沒事了。

我們剛剛講，很多人在拚命清掃自己的家裡，可是從來沒有清掃自己心裡的雜念，每天沉浸在負面思考和負面情緒裡，活得很悲觀，胡思亂想，而不知道誰是主人，不知道處在負面思考、負面情緒裡的是誰，也不知道胡思亂想的人是誰，只是每天深受其害，其實我們就是主人。

那些童年時曾激勵自己奮發向上的信念，要在成功後適時調整

想像自己隨時重擺這些家具，某些家具的形象會來到眼前，問問自己那些家具代表的是什麼意念。有些家具是兩年前買的，有些是三年前買的，有些是四十年前買的，每件家具都有標籤，註明是何時植入的。例如某甲小時候家裡很窮，討厭被人看不起，現在雖然有錢了，還是覺得人家看不起他。

的確，他曾經利用「不要讓別人看不起」來激勵自己奮發向上，但成功後就要「過河拆橋」，把這個信念丟掉，否則等到哪一天又失敗，就會再度被看不起。所以他在成功後要開始轉變信念，相信人性本善、大家都喜歡雪中送炭，如果失敗了，別人就會對他雪中送炭，不會瞧不起他。

我們童年時常常用很多信念讓自己長大，比如說有些人小時候很醜，不受歡迎，於是告訴自己說：「因為我醜，所以必須用功。」用很醜這件事讓自己念到大學畢業，找份好工作當老師。等到有一天當了老師，就要明白，感謝上帝讓我從小長得這麼醜，好讓我利用「我很醜，如果再不用功就沒前途」的信念奮發向上，今天我出頭了，可以開始改變信念，告訴自己：「其

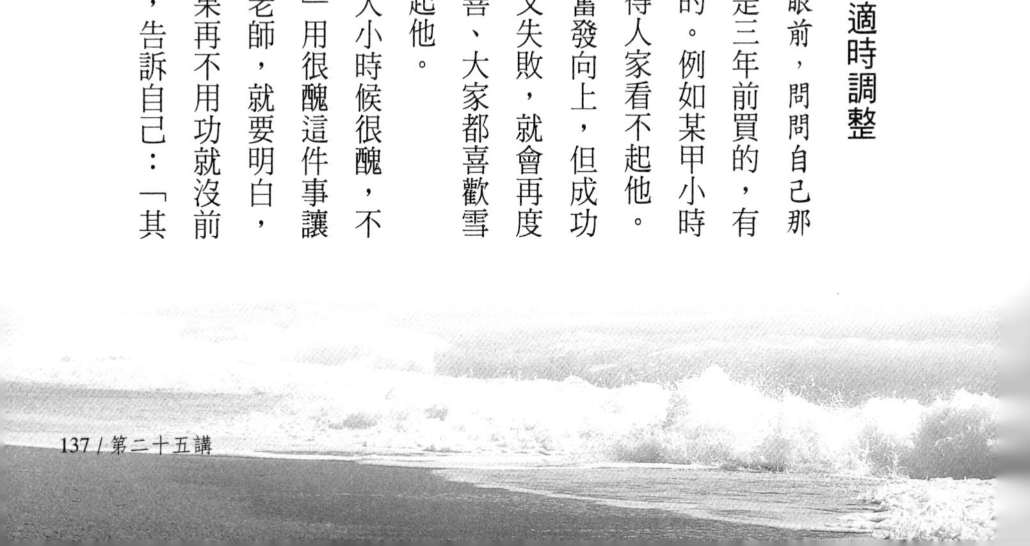

實我還不醜嘛！」從這一天起，就會變得又漂亮，又有成就。

像我小時候告訴自己說：「我這麼矮，要是再沒有成就，怎麼會有女人喜歡我？」等我有成就了，就要去改變信念，對自己說：「其實我不矮嘛！」賽斯講過，雖然改變「我並不矮」這個信念很有用，但是我不會因此長高，只是會看起來高一點，而且別人相對比較不會那麼在意我的身高，這句話我得到證實，因為有個大學女同學跟我說過：「許添盛，我們第一個注意到你的不是你的身高。」從這個角度來看，我也達到目的了。有些人會吸引別人注意到外表，有些人卻不會，決定權在自己手上。

有一次在中正紀念堂演講的題目是「哪裡有錢哪裡去」，那個理論很有趣，完全把上述的哲學發揮得淋漓盡致。我提到：「要先學會沒錢的好處，才能開始體會有錢的好處」，沒錢有沒有好處呢？有，像是不怕被搶。我們要享受沒錢的好處，但是不要執著那些好處，否則就會繼續沒錢，要跟上帝說：「我已經享受到沒錢的好處了，現在我把位子讓給別人，我要開始享受有錢的好處。」

處在貧困中，卻能盡得其精髓和樂趣，那麼就可以脫離貧困了。可是很多在貧困的人尚未享受到好處，所以仍必須停留在裡面，直到有一天終於領悟，說：「是的，我接納了。」才會脫離。

25-4

自認為「丟不掉某個意念」的人，必須瞭解這個想法本身也只是信念

（《個人實相》第八十三頁第七行）想像自己隨時重擺這些家具，某些家具的形象會來到眼前，問問自己那些家具代表的是什麼意念；看看那些桌子彼此配不配，打開裡面的抽屜瞧瞧。這段描述栩栩如生，心靈輔導員可以用來引導個案。比如說，讓自殺的個案去看看是否有些家具一直叫他去自殺，或是讓亂發脾氣的個案，檢視內在是否有些信念讓他不斷發脾氣，把那些家具找出來，就是自我探索。

這裡並無神祕可言，我們知道自己的信念是什麼，就會看到那些信念群，是我們自己決定要不要深入看看內心，並且以自己的方式去運用那些心象，意思是心裡面的影像和形象。把那些不適合自己的想法弄出去，如果接受賽斯這個建議，在心中找到這樣一個意念，然後對自己說：「我丟不掉這個意念。」那麼必須瞭解，這個念頭本身就是信念。

江山易改本性難移，這句話就是一個信念，認為無法改變觀念的人，首先要把這個觀念改掉。練習去追自己的每個念頭，說出來的每句話都要當作呈堂證供，因為每句話都代表裡面的思考。我們可以透過跟別人的對話，找出他的每個信念，看他相信什麼。

比如說，有位學員的同事說，年齡越大越健忘、而且會老花眼，這就是信念，信念創造實相。人很難只相信一個信念，例如，有些人雖然相信一輩子都不會老花眼，卻相信停經後會骨質疏鬆。相信老花眼和相信停經後骨質疏鬆其實是同一組信念，就是：人年紀越大會退化。一個信念不會單獨存在，如果要剷除，就要整片剷除。

持有某種信念，是否會表現出與這個信念相吻合的行為？另外，周圍的人也會持有相同的信念嗎？賽斯說過，很多人想改變信念時，會開始拉扯，周圍的人會說服他們回到原來的信念系統，像是提供很多老花眼專家的相關資訊。所以很多想減肥的人，都受到誘惑吃很多東西，很多想戒酒的人會被引誘再去喝酒，因為一旦他們減肥或戒酒成功，就不再屬於原來的族群。

有時候獨自一個人要改變信念很孤獨，大多數人都喜歡溫暖、喜歡群聚。像來我們這裡上課的同學，信念就會彼此加強，最好把周圍的親戚朋友帶來，共同追求這樣的精神信仰，整個家庭一起改變。除了在這裡上課之外，我們還製作CD讓更多人聽，將來要改變整個社會、改變整個世界，如果這些內容對大家有好處，一定會有越來越多人學習。

如果我們說：「我丟不掉這個意念。」我們就要把「改變自己的信念很難」這個信念先丟掉，賽斯一直說，改變自己的信念很容易，江山易改，本性更容易移，想怎麼移就怎麼移，像髮型一樣，想怎麼變就怎麼變。

一個信念不會單獨存在，會跟其他信念相連成信念群

我們在自己的意念面前，絕不至於束手無策。用剛才那個比喻，我們一定會發現一些出乎意料的家具，因此不要只顧著看自己意識內室的中心，不要只找客廳，必須謹記，去提防那些賽斯先前提到我們「視而不見」的東西。所謂覺察是我們常常只看見自己想看見的東西，必須不帶著分別心去看內心，而不是帶著特定先入為主的觀念來看。

那些明明可以「抓得到」，卻又像是實相一部分的東西。有些東西我們會誤以為不是家具，其實它也是家具。比如說，我們可以把牆壁、樓梯當作家具的一部分，只要不涉及主結構體的牆壁都可以打掉，這就是突破框架式的思考。很多我們以為是實相的根本是信念，例如，人性本惡、或身體會隨著年紀老化，這是信念還是事實？很多人認為是事實，其實是信念，既然是信念，就能改變，事實則很難改變。

信念群的組織是以一種極具特性卻又非常個人的方式構成，因此在各種不同的組合裡，我們會發現有種模式存在，它是一整群的，可以根據一個找到另一個，叫連坐法。因為我們看到思想是活的，一個接一個，信念也是一樣。

比如說，「做一個負責任的母親（父親）」這個意念，很容易就把我們導向與責任有關的其他心靈結構，因為它是一體的。例如，有個信念是要做一個負責任的父親、母親、老師、學生，這個意念會跟很多與責任相關的心靈結構連在一起。就像剛剛講的，「沒有老花眼」這個信念不會單獨存在，應該會跟其他信念相連。

因此，我們按照那個意念的價值觀來決定接納那些資料。我們也許甚至會認為，除了做父母的立場外，由其他立場來看任何一個情況都是錯的。像有的人要當負責任的父母，只要有後生晚輩到家裡玩，就會擺出爸媽的姿態教訓客人，這正是信念的局限性。

像有些人永遠只用自己的角度看人，比如說，我在這裡上課，有些同學是以看男人的角度來看我，有些同學則是以看老師、醫生、專家的角度來看我，那麼我所講的內容，就會歸類在同學大腦檔案裡不同的抽屜。每位同學在當下對我的信念已經發生作用，透過不同的信念看我，就決定了對我講的內容吸收多少，受影響多少。可能有同學會說：「啊！佛陀再世！」所以他看到的我，背後光芒萬丈，聽到我的每句話都閃著金光。我們透過自己的信念看每個現象，詮釋每個東西代表的意義並且加以歸類。

25-5

不同的稱謂，對不同的人會展現出不同的形象

我問現場一位學員透過什麼看我？她說：「這一年多來，我大概上了五十堂課，剛開始有很多疑問，現在變得很沉默。我一直把許醫師定位為有愛心的醫生，以醫學的專業結合賽斯的理念，所以許醫師講出來的每句話，我都覺得很專業，無條件接收。我把我原來所有的信念都歸零，不再把每句話都套到舊有的邏輯裡，我是以這樣的心情聽課。」

另一位學員說：「聽到許醫師這個稱呼，我有一點感想，因為我們在這邊一直都稱許醫師，相信您對病人感同身受，現身說法。可是我現在每週一與台北新生命協會連線，發現他們都稱您為許老師。請問用醫師或用老師的角色跟他們對談，會不會產生不同的效果？」

我說：「的確，我在那邊上課，他們是以身家性命來聽課，因為那些學員多半是末期癌症病人，已經被醫學放棄了，所以醫生這個名詞對他們而言沒有意義。他們稱我為老師，而這個老師是他們的身心依歸和生命暫時要拉住的救生索。其實我很多變，在哪裡就是哪裡的角色，對不同的人會出現不同的形象。」

第26講

26-1

賽斯認為眾生平等，每個人都應該去追求自己內在的神性

我最近在看魯柏寫的《超靈七號》，這三本故事書是魯柏在意識狀態改變之下，自動書寫而成。通常大家會認為自動書寫可能是手上拿著筆，自己就會寫字，第一個聯想到的是乩童畫符，而有些自動書寫作家，是把打字機放在前面手就開始打字，好像裡面有另一個自己透過他來寫書。所以有些人會說，那是這個人的潛意識、另一個人格、或是背後的超靈在寫書。

嚴格來說，《超靈七號》不是魯柏寫的，而是背後的超靈透過他來寫書，關於透過超靈寫書這件事，讓人印象最深的應該是李查·巴哈的《天地一沙鷗》。有一天，李查·巴哈在海邊散步時，腦海中突然出現一個聲音，叫他把這本書寫下來，他回家只寫了一部分，就沒有再繼續，八年後，他又突然聽到那個聲音說：「你一定要把這本書寫下來。」後來他真的寫下來，變成膾炙人口的《天地一沙鷗》，書中內容鼓勵人心。魯柏大部分的書也是透過類似的方式寫下來。

我前陣子到中正紀念堂看埃及文物展覽，在埃及古文明裡有幾個神，一個叫奧西里斯（Osiris），他的太太是艾西斯（Isis），他們生下了荷魯斯（Horus），就是後來的法老。另一個神叫做賽斯（Seth），不過賽斯在古埃及文明裡被視為不好的神，他是奧西里斯同父異母的弟弟，把哥哥切成七塊埋在不同的地方，結果嫂嫂伊西斯花了很多時間，把七個屍塊找回來拼湊在一起，施法讓奧西里斯復活。因為埃及人有很強的輪迴觀念，既然奧西里斯已經死過，復活後就不能在人間，必須進入冥界，結果荷魯斯變成人間的王，而奧西里斯則是陰間的王。

由於古埃及文明裡也提到賽斯，因此我就在思考：「到底那個賽斯跟我們現在讀的這個賽斯有何不同？」我做了一些研究，發現從人類有史以來，賽斯老是扮演叛逆者的角色。我也在思考：「在神話裡面，賽斯為什麼要把奧西里斯這個神切成七塊，埋在不同的地方？」因為後來古埃及文明變成比較集權的階級統治，階級最高的是法老王，集政權、君權、神權於一身，可

是基本上賽斯的觀念是眾生平等，每個人的內在都有神性和佛性，應該去追求自己的神性，成就自己，賽斯反對任何階級統治，也反抗中央集權。

科學昌盛，但人類的心靈與大自然脫離，導致諸多疾病

很多宗教都把神變成人的形象，比如說，以前耶和華是一個父親的形象，會懲罰人類。但是，賽斯一直認為神就是大自然，不希望人類把神的形象變成人的形象，否則人就會開始脫離大自然。因此，在神話裡他把奧西里斯切成七塊，象徵著他希望把神明回歸到大自然的神，所有人都應該到大自然去找回屬於自己的神性，真正的神性是在大自然裡，不是在寺廟、教堂裡。

我記得《超靈七號》第二本裡，有一段講到有一個人再來投胎前，要先去認識神，才會曉得整個宇宙的目的和人生的意義在哪裡。他遇到了很多神，像宙斯、穆罕默德、耶穌，那些神跟他說：「為什麼人們老是要把我們看作是一個形象?為什麼人們不瞭解大自然就是我們真正的聲音？」

自從人類發展科學文明以來，我們的心靈一直脫離大自然，所以現在很

多疾病都跟大自然有關，包括禽流感、ＳＡＲＳ，這些疾病象徵的是人跟大自然的關係疏離，人跟其他生物的關係也越來越惡劣。

以禽流感為例，人為了要在最短的時間內吃到雞肉，為牠們施打化學藥物，而且現在很多養殖場的空間小，通風又不好，從雞的角度會說：「你們要吃我的肉沒關係，拜託給我好一點的生命品質和生活空間。」雞感受不到生命的尊嚴，集體死亡，給人類的警告就是：「既然你們不尊重生命，就沒有肉吃。」

像ＳＡＲＳ病毒也是一樣，人類不斷剝削大自然，到最後大自然都沒有其他生物存在的空間，於是透過ＳＡＲＳ病毒告訴人類：「如果再不尊重地球上其他生命，終有一天，所有的生物會同歸於盡。」

26-2

金字塔代表整個埃及文明的傳承，也代表了所有人靈性上的來源

《超靈七號》裡描述了一個可能的二十五世紀，那個地球之前發生過幾次小型核子戰爭，本來可以住人的地方都遭到核廢料污染，人口越來越多，到最後沒有材料可以蓋房子。在二十三世紀時，地球荒蕪，地表不能住人，樹最多只長到二、三十公分高。人類花了將近一百年的時間，在三萬八千公尺的高空蓋空中浮城，那是一個我們可能的未來。

我常常想，現在的車子那麼多，十年、十五年後統統要報銷，這些廢料是填到海裡還是回收？我們這個文明生產的速度趕不上資源消耗的速度，也許將來沒有東西讓我們蓋房子了，最可怕的是說不定整個地球都不能住人，主因就是人把自己的生命跟大自然切斷，而且與所有的生命區隔開來。我一直在思考如何看待未來，要走哪個方向才會有未來？在這個世界上，到底我

要怎麼活才會有比較好的未來？

前面提到埃及文明，據說有個假設是古埃及文明由賽斯的後代建立起來。舉例來說，在電影《神鬼傳奇》裡有個男主角叫印和闐，搶了法老的女人，被法老處死後來復活的那個惡魔。其實印和闐是真有其人，他是距今大約四千到五千年前的歷史人物，蓋了歷史上第一座金字塔，也是埃及有史以來平民出身但被封為神的人。

他是古埃及文明最偉大的建築師，也是最傑出的醫療者，金字塔由他設計，而且古埃及很多生重病的人紛紛前來尋求醫治，據說還有行奇蹟的能力。我一直在猜印和闐就是上一個基督，因為大概每隔兩、三千年會有一個基督投胎下來，類似佛教傳說提到彌勒會降世。我想整個古埃及文明是從印和闐的手中，藉由整個金字塔文化流傳下來，就像基督教是藉由耶穌的投胎和降世而傳下來。

埃及文明就是所謂的金字塔，金字塔其實是賽斯二的形象。賽斯二是指賽斯再上去的那個高靈，因為在整個靈性或宇宙發展上是一層又一層，我們是具有肉身的人，上去一層是超靈，超靈再上去有一層會到賽斯，賽斯再往上有一層會到賽斯二。

金字塔代表整個埃及文明的傳承，也代表了所有人靈性上的來源。埃及人蓋金字塔最主要的原因，是代表他們靈性上的故鄉、內在心靈的本質，金字塔本身就是他們的信仰，也是他們的宗教，更是所有人靈性上的傳承。為什麼要把金字塔蓋得那麼高、那麼大？因為不論遠近都能看得到，像是在家裡洗澡、煮飯時，一抬頭就可以看到金字塔，提醒了他們原來所有人的靈性都來自同樣的故鄉。我們所有人到地球上來學習、成長，可是並不是地球的原住民，我們有靈魂上的傳承。整個古埃及文明就是在傳承、紀念，提醒他們自己是從那樣的靈性時空而來。

一旦找到內心的新精神導引，就能遵循內心的聲音，建立生命方向

講這些東西不是要幫大家上考古學，像我們在讀賽斯書，而賽斯本身就是我們靈魂上的傳承。我一直在講賽斯課，傳遞這些訊息，我甚至懷疑在場讀書會的很多同學也都是說法者的一分子。因為在《超靈七號》第一本書中提到，大約在三萬五千年前，有一群說法者到地球上來，後來那些說法者慢

慢脫離了形體的世界，大部分回到夢的宇宙對人類說法，指引整個人類心靈發展的方向，把一些法傳下來，成為所有宗教的起源，像佛教、基督教、猶太教的很多信仰，都是來自說法者的資料。

在這個比較迷失、惶恐、動亂的時代，會有很多說法者回到形體界，以重新建立起人類的精神文明。我的意思是說，會來接觸這個訊息的人，某程度可能都感受到內在的一種吸引力，也許覺得這個社會很多東西不對勁，或是覺得人好像可以不要這樣活，總覺得對生活、對政治、對現狀有種不滿足和無力感。以賽斯的說法，這是一種神聖的不滿，讓我們得以重新覺察心靈的力量，認識自己的存在。

一旦很多人類爆發無力感，這群人會聚在一起，尋找新的精神文明，依照新的精神文明重新建立新的生活方式。我會把各位視為在內心當中，對生活、對周遭的一切有種莫名的不滿，可是這種不滿又不會讓人覺得應該上街頭抗議，因為抗議可能無效。在各位心中認為如果要改變現狀，要從人心開始，就是受到這種強烈的內在需求驅使，而讓生命繼續前進。

去看看自己內心對什麼東西不滿，這一點非常重要，因為這個神聖的不滿就是要幫助我們過不一樣的生活，甚至是找到內心新的精神力量。要是找到存在於內心的新精神導引，生活會開始變得有力量，會覺得人不見得要隨著整個大環境沉淪，整個大環境改變時，每個個體還是可以遵循著內心的聲音，建立自己的生命方向。

我覺得到目前為止，開始有越來越多的人進入覺醒的過程，認識自己真正的力量，因為大家已經不願意再把力量投射出去了，而是認為：「在我的心靈裡，一定有股力量指引著我，顯然我的生命不是那麼簡單，人不只是為了活下去的意願和欲望，冥冥當中命運好像要把我帶向生命的實現，在生活中創造出更多心目中的理想。」

26-3

相信理想與現實不衝突，內在就會帶出符合現實又能創造理想的力量

我們的課程要讓大家覺察內在的力量，重新認識自己的內在，找到心靈內在有力量的自己，而超越平常自認為無力感的自己。其實每個人的內在都有個等著被發掘的自己，但是我們一定要先改變對自己的概念，將自己視為不簡單的人物，體認到自己可以創造出想要的實相，用的方法就是我們所謂的神奇之道。

我們必須開始相信命運當中有股力量在影響著我們、幫助我們，不要再把那股力量當作是投射在外面的神或鬼，而是去認識那就是自己的力量。開始相信身體裡有個聲音在對我們說話，要啟發我們，幫助我們重新認識自己是誰，而且過自己真正想過的生活。

我發現這個世界最大的問題，是很多人都不喜歡自己過的生活，日復一日，又無可奈何，因為他們沒有看到其他的可能性。我有個任務和使命，就是要來告訴大家：「每個人的生命都有一個更好的可能性存在，每個人都可以過得更好，過自己想過的生活，命運也會提供協助。」前提是從今天起，必須相信有個更好的生活在等著我們，而且相信理想與現實並不衝突，這個觀念很重要。

大多數人都會相信理想與現實衝突，可是我告訴大家，實現理想才是最現實的一件事，兩者根本不違背，還會相輔相成，有了這個信念後，內在就會帶出既能符合現實又能創造理想的力量。很多人為了現實犧牲理想，卻沒有過得更好，也不見得更有錢、更健康。

在這個時代，越來越少人願意去相信自己有理想，可是唯有願意實現理想的人才會快樂地活下去，而所有對理想已經幻滅的人，會死在現實當中。我覺得所有人到最後都迫切需要一種信心、希望，以及創造的力量。

地球上的人和生物集體不快樂，我們要從內在幫助所有人和大環境

我們的文明現在似乎要面臨轉變的契機，到底這個文明會慢慢走向自

我毀滅嗎？那些關於世界末日的傳說，都提到上天會降瘟疫到人間，牲畜先死亡；口蹄疫，豬死了；狂牛症，牛死了；禽流感，雞死了，再來是誰？人類。

當然在新時代理論裡，不會講這是上帝的懲罰，只會說地球已經不適合生命居住了，居住在地球的很多動物都不快樂，第一、牠們沒地方住，就像台灣黑熊；第二、有地方住的動物，居住品質很糟糕，像我每次看到鯨魚擱淺的新聞，就覺得牠們是因為不快樂而想自殺，海洋不是遭到污染，就是放了流刺網，不適合生物居住；山裡面的動物也不快樂，到處都是人；而人養的雞、鴨也不快樂，空間狹小，又施打那麼多化學藥物。那人快樂嗎？好像也不快樂，大人擔心賺不到錢，小孩煩惱功課比不上人家，每個年齡層的人都不快樂。我的邏輯很簡單：地球已經變成不快樂的地方。

整個人類怎麼越活越不快樂？本來我們以為只要有錢了就會快樂，因此至少在沒錢時，心中仍有個假設和神話，可是後來發現有錢也不見得快樂，幻想又破滅了。整個地球集體不快樂是個很大的問題，我們所感受到的壓力、痛苦、煩惱遠多於快樂，於是有些生物開始陸陸續續打包離開，因為這裡不適合生活。在這個時代，我們應該要思考這個問題。

像今天有個新同學在兩年前得到癌症，從身心靈的觀念來說很簡單，就是因為他活著不快樂，想打包離開。我們這個世界生病的人越來越多，有些是個別不快樂的人，就是自己得到癌症，有些是一群不快樂的人，就會一起得到傳染病死亡。他們的靈魂都在打包，覺得活下來苦多於樂。我們不能容許這樣的情況繼續下去，要開始從內在幫助自己，也幫助身邊的人。

有學員問：「許醫師，會不會是因為你不快樂，所以把大家都說成不快樂的人？」

我說：「這個問題真好，好吧！請大家來救我吧！我自己的確會捲入一些不快樂裡面，那種不快樂是關於整個生存、生活方式、存在價值到底是什麼。有時候我會去想，究竟是我感受到了很多人都有這種潛在的問題？或只是我個人的問題？」

另一位學員分享：「在身心靈健康講座中，你曾經說過，人會不快樂就是因為把事情看得太嚴重了，所以不要看得那麼嚴重，不要想那麼多就好了。」

我說：「上過課的同學果然就是不一樣，不要把不快樂這件事看得那麼嚴重。」

26-4

每個人都是宇宙中神聖且獨特的個體，不必拿自己與其他人比較

（《個人實相》第八十四頁第六行）對「罪惡感」抱持的信念，會像水泥一樣把其他相似的核心信念凝聚在一起。信念是心靈的東西，是活生生的，像細胞一樣群聚在一起，保護自己的實效和本色。這是很多現代人的問題，常常容易自責，總覺得自己不夠好。

這部分得從教育開始講起，因為教育多半讓我們覺得自己不夠傑出聰明，沒有考上第一志願，沒有攻讀博士，所以不夠好，很少有一種教育是讓每個學生都覺得自己很棒。尤其像我這一代的人，包括民國三十幾到五十幾年次的人，內在深深覺得「自己表現得不夠好」。賽斯說這是個很重要的信念，在整個心靈探討裡面，他要幫助大家把「自認為不夠好」的信念拿掉。

當我們檢驗任何一個信念時，可以插入新的支柱。賽斯在講信念練習時，將信念當成房子的梁柱，如果一下子把整個梁柱拔掉，會覺得整間房子要垮下來，因此，改變信念必須一步一步來，拿掉某個信念時，必須插入新信念。以我自己為例，假設我要把「相信自己是不夠好」的信念拿掉，此時要插入什麼樣的信念？我會告訴自己：「我是宇宙當中最獨特的，每個人也都是這麼獨特。」我們必須看到自己生命的神聖性，以及自己的價值和不可取代的意義。

我以前提過，大部分的人都是跟別人比較之後，勝過別人或得到別人的肯定，才覺得自己有價值。很少人是因為你就是你，而不是任何人，就覺得開心。賽斯在這本書的最後，講得更斬釘截鐵，他說我們要在當下贊同自己，肯定自己，接納自己是宇宙當中最神聖的生命體，開始看到我們的生命與所有的生命相連。

請大家建立一個信念：「我存在的本質和我的身體是神聖的，這個地球也是神聖的。」有時候我們必須感覺到自己像是神，行走在神聖的大地和星球上，感覺到生活的神聖。很多人一下子就會覺得自己沒有意義，自己的婚姻、日常生活、罹患疾病都沒有意義，這種觀念其實不對，人必須將自己視為神聖的生物，就像聖母瑪麗亞一樣。

《超靈七號》裡有一段聖母瑪麗亞的自白，她說：「我的孩子生下來就與眾不同，很聰明伶俐，身為媽媽的總是想鼓勵孩子，有一天我就告訴他說，其實他的爸爸不是凡人，而是神，沒想到孩子竟然相信了，也因此而變成了偉人。」原來一個偉大的宗教是來自於母親善意的謊言。這是書中的一段，我覺得很有趣，不代表歷史，也不代表官方立場。

後來我想到西藏達賴喇嘛的轉世靈童，這真是高招，只要沿著那個方向去找到那個孩子，跟他的父母說：「你的孩子是活佛來投胎的。」也告訴那個孩子：「你是活佛來投胎的。」講完後，不管那個孩子是不是活佛來投胎，都會變成活佛，因為「你創造你自己的實相」，根本不會找錯人。

如果那個孩子從小就相信自己是活佛來投胎，自然會開啟內在的佛性。我終於瞭解，原來這整個制度只是在說明一件事：讓任何一個孩子和周遭的人相信他是活佛轉世，他長大後都會變成偉大的活佛。他究竟是不是活佛已經不重要，因為眾生皆有佛性，每個人都是佛。

每個人在轉變自己信念時，都要做一種置換的過程，我們追求心靈成長，就是在做這個過程。

很多事情我們都要先假設自己知道，透過開發潛能開啟內在的能力

李查．巴哈一直覺得《天地一沙鷗》這本書並不是他自己寫的。到如今，那本書的孕育也廣為人知：一九五九年某一天的深夜，他正走過美國西岸的小運河邊，突然聽到一個聲音說：「海鷗岳納珊．李文斯頓。」他嚇了一跳，那聲音啟發了影像，而以三度空間的形式給了他那本書的大部分。後來，他試著靠自己把稿子寫完，卻沒成功，直到八年後的一天，他突然醒來又聽到那聲音。原來《天地一沙鷗》是這樣寫下來的，後來魯柏《超靈七號的教育》也是在這種情況下完成。

這裡也是要告訴大家，賽斯常說：「你所知道的遠比你以為你知道的更多。」這是個信念，所以很多事情我們都要先假設自己知道，透過開發潛能，來開啟內在的能力。

很多人在學習心靈的時候，第一個會問：「可不可以告訴我心靈修煉有沒有什麼具體方法？我每天按照這個方法早晚練半小時，三年後會達到什

麼境界？」賽斯曾經說過：「方法就是阻礙。」一旦透過方法去達成某件事情，剛開始可能成功，最終一定會失敗，因為我們相信必須透過某些正確的方法才能做對一件事。可是神奇之道並非如此運作，神奇之道是：「我相信我會做對，隨後才產生出那個方法。」相信事情就是會發生，不管有沒有透過某個方法。

比如說某甲想要賺錢，他就去想到底用什麼方法來賺錢，是投資股票、房地產？努力工作？還是找個有錢的人嫁娶？神奇之道運作的第一步驟是，他要先相信自己會有錢，可是要如何有錢，他甚至不需要知道，只要告訴自己：「也許有一天順其自然我就會有錢，水到渠成。」

可是很多想變有錢的人，都想要找到對的方法，因此他們對於有錢這件事是有條件的，他們的基本假設是：「我找對方法才會有錢，如果沒有找對方法，就不會有錢。」由此可知，他們真的全然相信自己一定會有錢嗎？沒有，因為他們的前提是要用對方法才會有錢，一旦用錯方法，不但不會有錢，還會賠錢。而神奇之道是：「我相信我一定會有錢，所以我用的每種方法都會幫助我賺錢。」

26-5

不要去做事情，讓事情本身來幫助你

神奇之道是先相信結果，不管方法是否存在，不管有沒有找對方法，那個結果會讓過程通往目的地。後來我做很多事情，都是先相信會成功，可是如何達成、用哪種方法達成，我不知道，反正就是相信自然會出現一種方法讓事情成功。這跟大家一般認為的順序不一樣，這也是現代人多半失去魔法的原因。

賽斯說過，人天生就是魔法師，可以行奇蹟。比如說，某乙相信自己能發出能量治療別人，只要他先相信，之後病人坐在他面前，就算某乙吐口水病人都會痊癒。如果我們先相信那件事會發生，任何方法都非常有用，因為方法只不過是用來讓結果發生而已，可是如果執著在某些方法才會帶來某些結果，就會有時候成功、有時候失敗，這一點非常重要。

先相信事情會達成，方法會自然而然發生，這才是最偉大的方法。可是大多數的人對於事情是否會完成，一開始根本沒有信心，於是一直在找方法，方法卻一直都沒有出現，所以從能行奇蹟的人變成凡人。在整個賽斯思想裡，所有人都能行奇蹟，但是卻不去行奇蹟，而是去找方法。

現在的科學界和醫學界就是一直在找方法，以為用對疫苗疾病才會痊癒，鼓吹「用對方法會健康，用錯方法就不會健康」的觀念，結果人有沒有變得更健康呢？沒有。這跟我教大家的身心靈觀念完全不一樣，以禽流感和ＳＡＲＳ為例，我們這邊的同學會相信：「我根本不會得到ＳＡＲＳ，縱使病毒進到身體，我都能產生足夠的抵抗力。」先相信了，到時候發生的結果就會符合原先的信念，那個過程自然而然會發生。

我教大家的是先相信自己是健康的，所以任何方法都有助於健康。法術也是一樣，不論是符咒、偉大的能量或灌頂，都沒有用，那也是在找方法。修行也是如此，很多修行人到後來都迷失了，全都在找修行的法門，可是修行沒有法門，而是要先相信，方法就自然而然發生。

整個修行很簡單，先產生「相信」，我相信我是健康的，我相信我是幸福的，我相信我的人生會走向圓滿。一旦如此相信，生命中每件事都開始朝那個方向發生，這時所有發生在身上的每件事都叫做方法。賽斯說：「不要去做事情，讓事情本身來幫助你。」這句話很重要，如果想達成人生的目標，只要先相信目標會達成，我們不用想辦法，宇宙、超靈、本我、內我會負責幫忙想辦法，那個辦法會突然出現在眼前。

請大家開始去運用，去體會生活就是我們與內在的神之間的合作關係，可是目前的人已經都跟神脫離了。我從這個角度界定人跟神的關係最簡單，人負責相信結果會達成，然後方法會送到我們的生命裡，只要順其自然按照那個方法，就會達成想要的結果。因此，神就是在我們日常生活當中最具體的一件事，我們靠著神過著每天的生活。

透過心的相信，會在頭腦層面創造出讓頭腦相信的實質證據

有學員分享：「許醫師說，不要去做什麼事情，而是讓事情來幫助我們。我在想，動念頭算不算做事情？比如說，我從小就意識到自己有個信念是，這輩子大概會很窮，不會快樂，但是我現在要做你剛才說的重新建構或

重新框架，我要去相信我是成功、快樂的，相信我有神力，請問這個相信是大腦的相信，還是靈魂的相信？」

我說：「那妳現在是用大腦在問，還是用靈魂在問？」

學員說：「我是用大腦在問。」

我說：「那就不用問了，因為妳既然知道現在是大腦在問，那麼大腦問的，要讓心來相信嗎？」

學員說：「我在想，心是不工作的，心不會相信、也不會不相信，就是隨順自然。」

我說：「簡單來說，一般頭腦的相信，就是我要說服自己，而且需要某些理由、看到足夠的證據才願意相信，認為用對方法就會做對事情，這是比較有邏輯的，因為某個原因或因為很多人都相信，所以我才相信。但這只是在頭腦層面的相信，心本身打很多問號，甚至根本尚未使用到心的層面。

來自心的相信，可能是沒有理由的相信，因為先相信，所以本來沒有的東西也會變成有。頭腦的作用是感知實相，看到了我就認為有，沒看到就認為沒有，頭腦本身屬於被動的，需要辯證、理由、方法、邏輯。可是心的作用是創造，心的相信直接穿透實相，是用來創造實相的相信，透過心的相信，會在頭腦層面創造出讓頭腦相信的實質證據。這有點像妳剛才說的，本來心是自然的，後來會變成從心到頭腦的境界。」

我一邊講也一邊回想自己的人生，我自己做事情的方法，常常是先相信事情一定行得通，然後才去找方法。大部分的人會碰到的困難是，相信事情行得通，可是找不到方法，那時候怎麼辦？我的選擇是，我還是相信事情行得通，可是我等待方法出現。

第27講

27-1

先建立信心，運用神奇之道，相信自己自然而然會達到期望

再說一下前面提到的方法，我要表達的是我自己從過去到現在，做很多事都是先相信事情會完成，方法根本尚未出現。像有個朋友提到，也許這就是所謂的機緣，有時候事情沒有實現，是因為機緣未到，而不是還沒有找到對的方法。

這部分的內容很重要，我們打破過去用頭腦思索，覺得要用對某種方法，才會達成什麼事情；要信仰某個宗教，才會得到平安；要皈依某個大師，才會逢凶化吉；或是要領到某個符咒，遇事才能順利。其實這些方法本身都可以跳過去，就像健康也是如此，生病時，得先相信自己會恢復健康，也許在那個時候，大自然、我們的身體或心靈本身就會浮現出一個方法，而那個方法之所以會浮現，是因為我們相信會達成，而不是先透過某個方法，才能達到什麼。

這部分要全盤打破大家過去的邏輯思考和不信任，現在很多人都活在不信任當中，因此這個世界提倡的叫做「方法學」，全都在教大家如何透過這個方法、那個方法來達到目的，卻忽略了背後的神奇之道。所謂的神奇之道是不費力的，賽斯一直強調簡單而深厚的信心，內在的信念和信心一建立起來，整個宇宙的磁場會先改變，於是我們周遭的磁場會改變到讓事情能順利發生。「相信」本身就是一種 doing 和 being，光是相信已經在架構二中讓事情完成，只是要在架構一實現必須花一些時間。

很多人在事情已經達成的過程中，又失去了信心，那時候我們必須要開始等待，等待一個變化發生，等待那件事自然而然走向原先期待的方向。不要因為一時心急，就否定而變得沒有信心，於是告訴自己這個方法沒有用，像是「吃這個藥沒有用，不能讓我健康。」或是「做這個運動沒有用，不能讓我減肥。」其實跟方法可能毫不相干，因為心本身就是最好的方法。

如果大家下次還在尋求方法時，就要開始問自己：「我有沒有先把心建立起來？」一旦把心建立起來，方法自然會出現。賽斯一直講，神奇之道就是生活之道，每個人都該用神奇之道生活，否則人間俗世的生活就會困難重重，事與願違，期望的都得不到，想健康、得不到健康，想幸福、得不到幸福，想順利、得不到順利，於是又開始去找很多方法，求這個大師、求那個大師，上這間廟、上那間廟，可是這些東西都不能真正幫助我們，唯有先把信心建立起來，使用神奇之道，生命才會開始變得順利，很多困難都會迎刃而解。

「相信自己自然而然會達到期望」，這就是最偉大的宗教，也正是所有宗教想要幫助大家的。我今天把這樣的力量介紹給各位，這股力量一直就在每個人身上，只是我們一直不知道如何運用，請開始在生活中運用這樣的神奇之道，看看能帶來什麼幫助。

想像力就是最偉大的方法，若想達成目標，信念與想像力必須一致

（《個人實相》第八十八頁倒數第二行）想像力的正確運用，就可以把意念推送到我們想要的方向去。想像力本身是一種最偉大的方法，如果想達成目標，必須讓信念與想像力一致，也就是讓頭腦和心一致。剛才有位同學

打了一個比喻，如果他是公司的採購，在幫公司採購東西時，要開始想像整間公司的錢都是自己的錢，想像是用自己的錢買自己最喜歡的東西。

我們現在很多成人都失去了想像力，本來想像力有翅膀，但過度發達的理性說：「這是不現實的，想像沒有用。」用理性之剪將想像力的羽翼剪斷，想像力無法飛翔，因此我們不能騎乘著想像力的翅膀，過著不一樣的生活，於是變成了在地上辛苦討生活的人類。

27-2

若想達成目標，宇宙會幫忙想辦法，但等方法出現自己仍需採取行動

我一直很希望我的書能在大陸出版，而這樣的信念創造出哪些事情？首先，兩年前，大陸有個朋友寄了一封電子郵件給我，說他在那邊有個出版社，想要出版我的書，於是由北京團結出版社出版了《絕處逢生》和《你可以不生病》。至於《我不只是我：邁向內在的朝聖之旅》就比較困難，因為大陸對於靈性、靈魂、宗教的內容管得很嚴。可是我並不因此而滿足，我覺得團結出版社太小了，應該會有一家更大的全國性出版社。

後來我有個學生說他認識大陸的高層人士，可以出版我的書。可是那時候我跟遠流有合作關係，透過遠流比較有整體的效益和保障，所以推掉那個機會。今天我又收到傳真，是我在香港的學生說可以幫忙找到大陸最大的出版社來出這些書，他想先從《許醫師抗憂鬱處方》開始出版。

另一件事是我在中廣錄製一個電台節目，然後帶子送到大連的廣播電台播出。據說那個節目在大連很紅，節目企劃說：「許醫師，你到大連去一定會萬人空巷。」節目主持人就問我說，下次到大連去，要不要配合當地媒體宣傳或是自己成立一家出版社來出這些書。

我的意思是說，光是一個相信，而且朝著那個方向走的願望，就出現了這麼多可能性，如果這個想法再加強下去，我實在不曉得還會出現多少可能性。所謂的相信就是我放出一些消息，對著整個宇宙許願，然後等宇宙透過許多形式給我回音。像我每個月在中正紀念堂演講，那時候出版社每一集花兩萬元請人拍成影片，最近打算找有線電視播出，如果要花錢找人播一集要價十萬，一季下來要花費上百萬。那天我去中正紀念堂隨便逛一逛，就碰到展覽室主任，之前還算滿熟的，他說：「哎呀！這種事不需要花錢，以公益的名義在公視頻道播出就好了。」

這就是神奇之道，我只要相信事情會完成，可是怎麼完成的？願望如何實現？我不必擔心，方法就留給宇宙傷腦筋吧！可是現在的人都讓自己絞盡腦汁，活得既辛苦事情又辦不好。我的方法是：希望達成什麼，由宇宙幫忙想辦法，等到方法、線索來了，還是要自己採取行動去實現，而不是坐享其成。

我舉這兩個已經發生的例子來跟各位談，其實我真的沒有付出多少努力，我常常以「養在深閨人未識」來比喻自己不太參加社交活動，認識政商名流，我是個很懶惰的人，只是拋出訊息，讓宇宙來靠近我，讓機會來敲門。

我知道有些人很辛苦，想方設法，一下子去敲這個門，一下子去敲那個門，嘗試各種方法，最後很辛苦地說：「我又沒有比人家笨，我這麼努力，為什麼做事情都不會成功？」因為事情的完成都不是在方法上面，這才是賽斯心法真正的運作方式，像我會運作到最後讓每種方法都行得通，後來我還跟編輯說，就算一集要價十萬，還是會有一些支持者願意出這筆錢。前幾天我帶個學生參觀台北的場地，他就說這個地方還不錯，我說：「對呀！因為之前有個支持者，每個月捐四、五萬元租下這個地方。」那個學生說：「如果以後他不出這筆錢了，由我來出，需要的時候儘管開口。」宇宙怎麼對我這麼好呢？真的很不公平！

我今天想告訴各位，宇宙真的不公平，因為它對每個人真的很好，可是大家還沒學會如何讓宇宙對我們好。賽斯說過，宇宙絕對是偏心的，宇宙偏向每一個人的心，很多人說宇宙不公平，事實的確如此，只是我們都還沒有發現。大家一定要敞開心胸，接受這個現實。

27-3

孩子從小在無形中默認父母的信念，直到意識心能自己推理判斷為止

（《個人實相》第九十二頁第一行）第四章：〈你的想像力、你的信念，並略談一下你的信念來由。〉一個好的心靈輔導員，會開始幫助周遭人自動看到信念從哪裡而來。比如說剛才有個同學提到，他覺得：「『應該』有個比創造更高的層次，叫融入。」那融入本身是不是一種創造呢？這個「應該」從哪裡來？我的意思是說，每個人必須去看自己的信念從何而來，意識心本身必須開始看到哪些是它相信、哪些又是它不相信的。

　　在實質生命中，我們的意識心主要是依我們實質大腦的作用。不管在肉身內或肉身外，我們都有一個意識心。到某個程度，頭腦使我們的「心」保持一個三度空間的焦點，使我們定位於必須在其中運作的環境裡。就是因為心是那麼效忠肉身的腦。因為我們活在三次元的時空當中，心必須透過腦來

運作，對肉身的腦效忠，把自己定位在一個時空當中，所以，我們才會感知時間是一連串的「片刻」。

我們的腦把心接到的資料傳達給身體結構，因而我們的經驗是經過實質的過濾，才自動變成我們這個有機體能瞭解的東西。實質來說，在我們身為人的時候，「心」大部分要仰賴頭腦的成長和活動。有一些資料是維持生命所必知的，必須由父母來教給孩子、傳給孩子。我們有一些與生俱來一般性的基本假設。

這裡開始解釋我們信念的來由，小時候，我們大部分是無條件接受父母給的信念，無形當中默認父母的信念。早期的教育過程，主要是父母透過口語或非口語的方式，將信念傳遞給孩子。

「從父母處學習」，對父母信念的默認，在早期嬰兒成長到孩童期間是極為重要的。來自父母信念的這個架構，提供孩子成長的餘地，直到孩子的意識心能夠自己推理，並且有自己的價值判斷為止。當我們開始有自己的價值判斷，就要重新面對自己，檢視信念從何而來，是無形中來自父母？成長環境？或是從小到大接觸過的宗教思想？我們要開始對於自己信念的來由一清二楚。

人沒有理由被孩提時的信念綑綁，生命隨時能改變方向，插入新能量

我們接受的信念，就是我們父母對於實相本質的看法。藉著榜樣、交談及不斷的心電感應，我們接受了這些信念。我們從他們那兒承繼了「我是什麼」的觀念，我們對這個世界的看法是承繼自我們父母的意念。然而，在所有這些表面意念之下，我們內心仍不可磨滅地帶著對自己本體和身分、我們的意義和目的的知識。

有些東西必須潛藏在底下，否則一個孩子的叛逆期太早出現，父母可能很早就不餵他吃奶了。人的叛逆期會伴隨著人的獨立程度展現，人最辛苦的時候是叛逆期開始，獨立能力卻不夠。小孩子沒什麼叛逆期，永遠黏著父母，把父母的信念當成自己的信念，等到開始有了自己的思想時，一定會產生衝突和叛逆，不認同父母的觀念。但很多人終其一生還停留在不認同父母的觀念，卻從來沒有建立起自己對於生命的信仰。

賽斯一直強調，一個人沒有理由被孩提時的信念或經驗綑綁。賽斯要所

有人心靈成長，像很多人會說：「因為我小時候的成長背景是如此，所以今天才變成這樣的人。」賽斯說：「你今天要當什麼樣的人，是由今天的你決定，而不是由小時候的你在什麼環境下、過什麼生活所決定。」

人絕對不受過去的掌控，甚至在生命每個發展階段都可以出現新變化，也就是說，生命隨時都能插入新能量，內在的宇宙擁有隨時改變我們生命方向的能力，在生命任何片刻都可以頓悟，打破深深的執著，突然變成跟過去截然不同的人。可是大多數的人對自己沒有這種信心，也沒有準備好讓內在的心靈能量來徹底改變自己，他們尚未學會跟著內心的新能量前進，還執著在過去自認為對的道理和理由，沒有對自己敞開心門。

宇宙隨時有能力在當下改變一個人生命的方向，甚至也能在當下改變一個文明的方向。文明的方向並不是漸進的，而是跳躍的，會突然在某個瞬間轉彎，生命也是如此，那時候我們要做的就是信任，信任生命突然轉彎的方向。

有的人會說：「我之所以會過重，是因為我對某些過去的事有罪惡感的緣故。」在這種情況下，他的問題其實是出於對罪惡感本身的信念。雖然很多人會說：「我沒有罪惡感啊！」可是這種人另外有個類似的信念是：「相信自己不夠好。」那也是一種罪惡感，他們相信自己比人家笨，運氣比人家糟，而且碰不到貴人，會覺得永遠與幸運之神擦肩而過，這些都是信念。

生活過得很悲慘的人，跟命運真的毫無關係，關鍵在於信念。我一直講，一個人相信什麼，宇宙就會把他相信的東西加工好，然後給他，所以宇宙本身就是巨大的願望實現場，會把人所相信的東西回饋到生命當中。

27-4

罪與罰的概念成了現今世界的亂源，其實人的本質就是神聖

（《個人實相》第九十四頁第四行）賽斯很清楚，我們這個文明的重要因素是建立在「罪與罰」的意念上。很多人生怕沒有了罪惡感，就沒有了內在紀律，而世界也將大亂。很多宗教都在強調這一點，灌輸很多罪惡感給大家，所以有時候宗教的觀念反而成了這個世界最大的亂源，而不是報紙上講的淨化人心。

宗教傳達的信念是人要有罪惡觀念，否則就容易犯罪，強調人性的善惡對立，必須用很大的善來克服惡，卻很少傳達「沒有惡的善」和「人性的本質就是善的本質」這樣的概念。宗教大部分引導人用戒律框架自己，而且要小心，以免作惡多端，基督教、佛教也強調很多人性墮落的觀念，因此，很多的宗教概念背後的本質引導我們產生更多的罪惡。

善惡對立、神魔對立是宗教最喜歡的遊戲，每個精神分裂的人到了寺廟，都會說是被魔附體，冤親債主上門，把這個東西投射到人性上，也就是把人的本質分裂掉，從來沒有強調人的本質就很神聖。如此一來，人的心就不會平安，不可能真的信任自己，需要很多的戒律來綁住自己這頭野獸。

事實上世界現下就夠亂了——並非由於我們沒有罪與罰的意念，反而主要是因為有罪與罰的意念。這個世界建立了對立、衝突，所以我們的內心常常會不平靜，有很多的矛盾、掙扎。如果要得到內心真正的平靜，一定要跳開這種罪與罰的概念。就像賽斯一直要建立的是：「人的本質就是神聖的，人到地球是來學習、成長。」我們都要看到所有人性扭曲背後的善，從這樣的角度，會發現內心本質上真正的善，而不是善惡分別之下的善。

要用愛餵養身上的細胞，自我譴責只會讓細胞反抗而生病

我在做治療時，常會很不自覺地說：「孩子，其實你沒有做錯，也沒有不好，不需要這樣譴責自己，因為你也被賦予了學習的機會，你應該開始以自己為傲，高興地做自己。你生而為人，到目前為止，真的沒有比任何人

糟糕。」可是不知道從什麼時候開始，很多人就相信自己表現得不好，身材、智慧不如人，事業成就也不如人。內心累積了好多的自我批判，對自己憤怒、失望、不原諒，擔心讓父母操心，怕照顧孩子不夠盡責，恐懼做錯決定。

我常講，人是很會自我鞭打的生物，經常在鞭打自己，如果是個有愛心的上帝、能接納的超靈，怎麼會這樣對我們自己？像那些得癌症的人都是暴君，對自己非常殘暴，每顆細胞都活在暴政之下，為別人付出，盡力討好每個人，做好每件該做的事，卻不疼惜自己，不愛護自己，不鼓勵自己，永遠覺得自己不夠好。

我之前打過一個比喻，每個人就像是工頭，身上的每顆細胞是後面的小工，很多人會拿鞭子抽小工，批評小工表現得不夠好，家事做得不夠快，沒有受到老闆肯定。對身上的細胞來說，這些人都是實行暴政的暴君，於是身上的細胞起來反抗，有一撮細胞開始聚眾集會，不聽指揮者的命令，變成暴力分子，那就是癌細胞。由此可知，癌細胞是因為我們的意識心、我們對生命的態度實行暴政，所以身上的細胞起來反抗，不遵守整個身體的模式，開始生長、破壞。而整個生病的過程，是要讓當事人去檢視細胞為什麼會採取這樣的暴力行為。

人的身體和靈魂本來就是完美的合作，靈魂用愛餵養身體，身體用健康來供靈魂在這個世界上學習、成長和快樂，兩者是永恆的婚姻契約，身體嫁給了靈魂，靈魂嫁給了身體，兩個要善待彼此。可是我們常常用靈魂虐待身體，沒有真的愛自己，在這種前提下，任何治療方法都不會有用，醫學一定會崩潰，幫不了各位的忙，因為醫學沒有看到這一點。唯一的方法是讓身上的細胞感覺到當事人開始用愛來餵養它們，看到了它們的委屈，請各位一定要從身心靈的角度看待自己和肉體的關係，整個身心才會邁向合作和健康的道路。

第28講

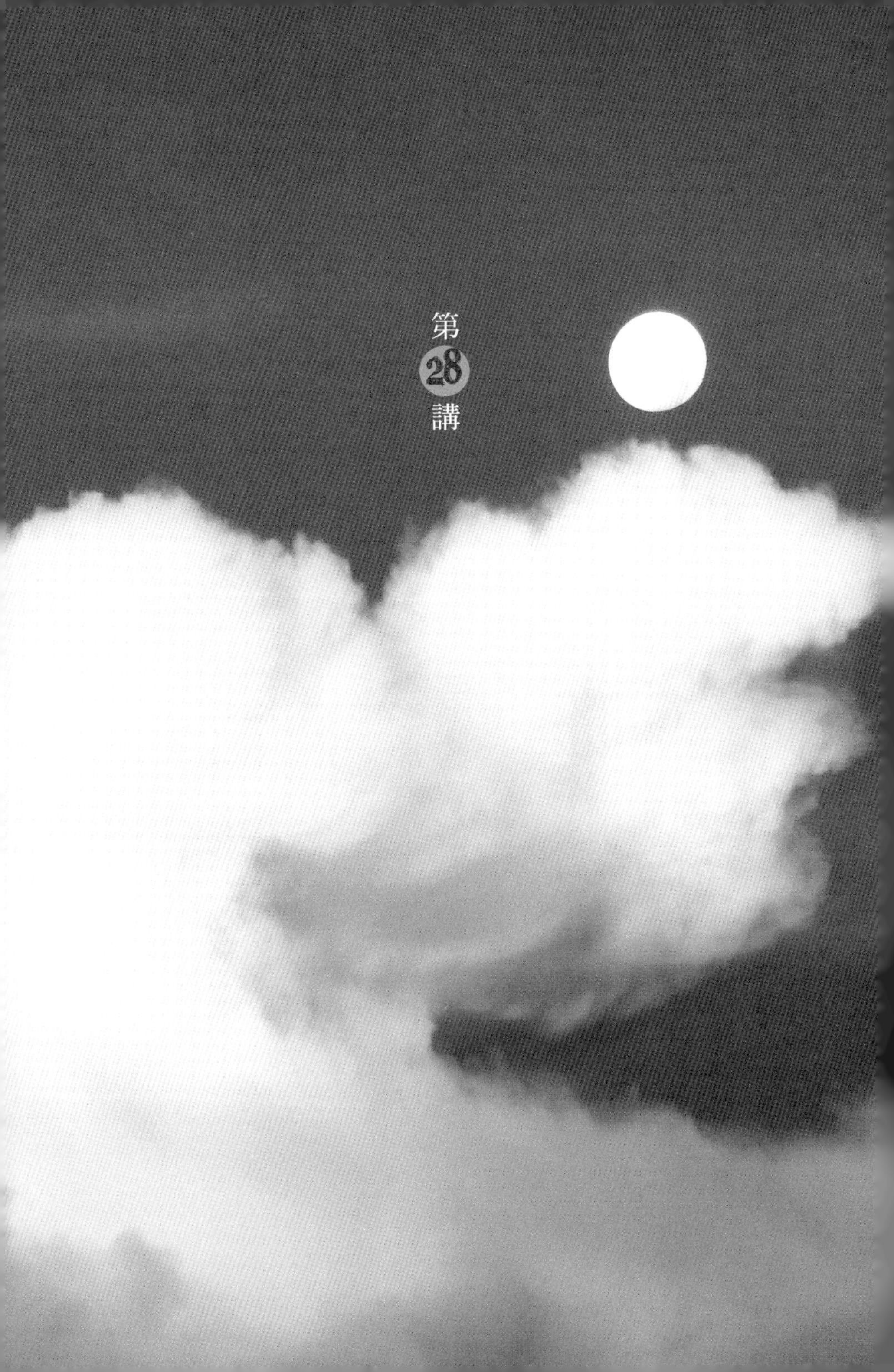

28-1

心想事成實例分享

學員分享：「去年十二月底，我去台北參加一場音樂晚會，我們負責演唱，由五、六十人的管弦樂團伴奏，一起練習了兩、三個月。當天台下大約有幾千人欣賞，氣氛非常好。在那五首曲子的演唱過程中，我覺得很感動，當下就有點想哭的感覺，因為實在是太震撼了。回來後，好像就停在那樣的情境下不來，心裡一直很期待。

「當初參加這次音樂盛宴之前，實在是猶豫不決，我在上班，孩子又小，還要常常南北奔波去跟管弦樂團練習，但是老師一直鼓勵我們說，也許一輩子就只有這麼一次機會，於是接受了老師的建議參加。沒想到盛宴結束後，發現自己的情緒仍停留在那個情境中，很渴望能再度上台，可是又想，也許真的只有這麼一次機會。一直想要拿到當天的ＶＣＤ，也拿不到，我自己又沒有錄音。

「整天在那邊想呀想！後來就告訴自己，怎麼可以去想這輩子只有這一次機會呢？這樣不就枉費了我學習賽斯思想嗎？所以我調整心態，抱著期待，這樣的念頭出現不到一個月，我昨天晚上就接到一通電話，對方請我們五月二十日到國家音樂廳跟管弦樂團一起表演上次那五首曲子。

「我真的體驗到心想事成的感覺，這有別於我以前很多的想法和理念。雖然只是小小的一件事，還是有不同的意義，在這裡跟大家分享。」

28-2

自己並沒有受到限制，每個人都可以選擇自己要的生活

甲學員分享：「我想先說說自己的個性，再分享最近一些很有意思的變化。我的個性很倔強，很多時候不太會去認定一個團體，參加過很多心靈活動，都無法找到自己的團體。大學時看過一些心靈方面的書，自己探討，周圍也沒有什麼朋友，一直都是一個人這樣走。

「然後我想出國去找，於是決定出國念書。我是學音樂的，先念了半年的語言學校，感覺已經體驗過不同的生活，就準備打道回府，跟媽媽說我可以回來了。因為我在班上成績很好，媽媽說我可以繼續念，然後就念完了。在四、五年前，我接觸到許醫師的演講，偶爾聽聽，但還是一直在找我要什麼東西。

「我的心裡面還是很固執，覺得不要屬於一個團體，只要走自己的路。

前一陣子，自己在看這些賽斯書，再加上許醫師講的一些例子，我就開始在信念上特別看自己在做什麼，覺得獲益良多，最特別的是，我很高興我最近可能要轉行。」

我問她：「妳一輩子都學音樂，現在要轉到哪裡？」

甲學員說：「這就是有意思的地方，我學的是音樂，從小最感興趣的也是彈琴。從兩、三年前起，我開始在想自己還能做些什麼？不論是教英文，甚至是賣麵都好，就是不要再彈鋼琴。我把這個祕密放在心裡面，然後一直等待，看看什麼時候有機緣，結果兩周前，我到一間音樂教室，他們有英文課，我就說我對教英文也有興趣，他們昨天打電話來說，因為我出國留學過，老闆下禮拜要跟我談，問我要教一對一還是一對多。

「我真的非常高興，終於可以從彈鋼琴轉成教英文，覺得這實在是天上掉下來的禮物。雖然我一直都沒有跟人群有太多互動，最近這一陣子，我感覺到自己跟這個團體開始有一點聯繫，所以今天想跟大家分享這份感動，原來這就是心想事成，許願後放在心裡面，去瞭解自己，慢慢就會有機會實現，真的非常棒。然後我就跟媽媽說，我下一步要去賣臭豆腐。我從來沒想過，到了三十一歲人生還能改變，除了彈鋼琴還能做其他事。」

我說：「我覺得妳轉型成功很棒，謝謝妳把好消息跟我們分享。每個人都有自己的選擇，自己的生命自己過，做任何行業、賣任何東西，自己開心最重要。賽斯在《個人實相的本質》第三十四頁也提到『自己並沒受限制』，想做什麼都可以。」

對精神病患的家屬而言，要承擔的後果比癌症更痛苦

乙學員分享：「我女兒之前都不能講話，過年後開始慢慢可以講話了，所以我稍具信心。之前一直在觀望，想說這樣不吃藥走下去是對的嗎？時常要面臨她一會兒天使的樣子，一會兒出現狀況的樣子。」

我說：「這個女兒在醫學上診斷為典型的精神分裂症，在精神醫學界裡，這是個緩慢退化且令人沮喪的疾病，大部分的個案幾乎就是要一輩子吃藥，而且只能舒緩症狀，不要那麼暴力，產生那麼多妄想，實際上無法治療。這位媽媽很勇敢，當年就跳開體制內的學校，把女兒帶到森林中學就讀，後來也一樣跳開正統的醫療，用信任、帶領的方式，讓女兒試著回歸到

生命的本質、正常的狀態，而不是硬要用藥物來治療。」

乙學員說：「一路走來，我滿質疑當時進入醫療體系究竟是對是錯，因為現在好像是在彌補那段吃藥的時間對她造成的傷害。或許她原來沒那麼嚴重，很多症狀是住院吃藥後才出現的。我不曉得台灣的精神科醫師為什麼不勇敢走出來大聲疾呼，除了藥物之外還有其他方法，似乎沒有人願意去做。」

我說：「假設有一群家長願意承擔後果的話，基本上我覺得會有一些醫生願意。說實話，精神疾病滿可怕的，跟癌症不一樣，癌症最壞的下場就是死，精神疾病則是一輩子，因此精神病要承擔的後果比癌症更痛苦，對父母而言很不容易。」

乙學員說：「我有個朋友在高中時也被診斷為精神分裂症，住院過幾次，可是後來一位靈修師父帶著她，現在非常好，也結婚生子了。她一直是我這段時間的精神支柱，我每次都會透過她來瞭解狀況，她會模擬他們在發病時內在世界的心情。」

我說：「我期待妳好好帶她走出去，假設真的走出來了，我覺得將來會對很多家庭帶來很大的幫助。我們在臨床上看到一些嚴重的個案，有時候進了醫療體系，一輩子就長期安置到死，事實上並沒有一個好方法。像妳剛才講的，如果不走藥物治療這條路，有沒有一個方法可以幫助這些人？這是目前醫學界要面對的挑戰。」

28-3

畫家藉由畫筆和顏料作畫，我們運用思想和情感彩繪出人生

《個人實相的本質》是很簡單的工具書，一看就容易懂，大家要好好的來看這本書。

賽斯一直在談信念，前幾天我就一直在思考：「到底人是什麼？人的每個思想和觀念又是什麼？每個人與自己的念頭、思想、觀念存在著什麼關係？一個人的想法就代表他自己嗎？如果是這樣，是不是表示這個人的想法一輩子都不能變？」

講到人和自己的想法，我立刻會提到另一個詞：執著。要是某些人很固著於自己的某一類思想，我們就會稱他們執著。執著的意思是說，一個人和自己的思想之間幾乎沒有任何轉圜的餘地，他已經把自己的本質與自己相信的每個思想觀念劃上等號，我們在跟這個人談話時，會覺得他的思想幾乎不可改變。

舉例來說，假設某甲認為中華民國由國父孫中山建立，只要是愛中華民國的人，就一定要加入國民黨，他的思想邏輯很簡單，如果不加入國民黨，就代表不愛國。或是像很多人的固著思想也是一樣，假設某乙的爸爸期望某乙當音樂或英文老師，可能某乙一輩子會認為，只有當了音樂或英文老師才符合爸爸的期望。又或者說，有些女人覺得結婚後，一定要親手料理三餐，照顧公婆和先生的生活起居，才代表盡到女人的本分，這也是一個固著思想。

每個人在一生中，每天都有很多的思想、觀念、看法，在整個心靈世界裡，我們和我們的思想之間的關係到底是什麼？從賽斯理論來看，任何的思想都是我們用來創造實相的工具，我們就像畫家，要藉由畫筆和顏料來作畫，那幅畫本身就是我們實相的藍圖，畫筆是我們的思想，顏料是我們的情感，所以思想和情感就是我們彩繪出人生的媒介。

每個痛苦的背後，一定代表一個無法轉圜自如、過度執著的思想

為什麼有些人的人生是黑白的？因為他們一直只用畫筆沾黑色、白色的顏料，最多只能畫出黑白畫和水墨畫，色彩都不見了。就像憂鬱症的人陷入憂鬱時，雖然有思想，但是失去了情感的動力，只剩下一種悲哀的情感，所以那個思想每次沾的顏料都是灰色色調，每天過的生活就是灰色的人生。有些人畫的是淡淡的人生，下筆的筆觸、選用的顏料也是淡淡的。有些人的筆很大一枝，一沾就是最濃的顏色，一筆畫下去。這代表著每個人的人生態度各有不同。

如果一個人與其思想之間的關係，就如同畫家與畫筆的關係，那我想請問各位畫家：「有多少人的畫筆是黏在手上的？」如果一個人的手上永遠黏著一枝畫筆，就不能握另一枝畫筆，更不可能去拿雕刻刀、毛筆、或其他可供創作的材料，而那些同時握兩枝畫筆的人，人生一定會亂七八糟，左右衝突。有多少人認出思想只不過是創造實相的工具？像毛筆還分大楷、中楷、小楷，畫家必須熟悉各類的畫筆，我們也必須學會使用各種思想，才能完成生命的創作。

我再打個比喻，執著的人就是在畫人生畫面時，手上只有一種畫筆，一直拿著大楷毛筆要寫最小的字體很困難。在我們整個人生的畫面，需要使用種類眾多的筆和顏料，必須隨時隨地調整人生觀，替換手上的畫筆，以符合每一種筆觸、每一種場景，像畫河流和雕梁畫棟用的筆絕對不一樣，可是大多數人已經把所謂的意識心與這個用來彩繪自己人生的畫筆混淆了，不能隨時切換思想、念頭或觀念，於是受困於人生的痛苦當中。

我有個很重要的理論：每個痛苦的背後，一定代表一個無法轉圜自如、過度執著的思想。比如說，本來拿小楷毛筆，小楷寫得很好，現在突然要寫一個大字，是不是碰到困難？或是本來用大楷毛筆寫大字，現在要寫小的字體，沒辦法換成小楷毛筆，這就是人生的痛苦來源。

我們要依據人生的每個現象、不同的環境，去切換看待事件的角度，如果一直沿用原來的角度看事情，一定會帶來痛苦。我認為人生所有的痛苦都不是來自事件本身，而是我們沒有切換人生態度，就像拿著小楷毛筆要寫大的字體，痛苦並非來自於大的字體，而是因為手上總是拿著小楷毛筆，沒有換成大楷毛筆。

28-4

自殺的人不會下地獄，會在另一個世界接受特殊心理輔導，繼續學習

今天門診來了一個四十五歲的中年男性，進來就跟我說：「許醫師，上個禮拜我兒子上吊往生了。」這個男人七、八年前離婚，有兩個兒子，他說這個兒子在當兵，二十三歲，剛好中心結業回來在家，出去玩整晚都沒有回來，第二天下午回家後爸爸很生氣，就罵兒子：「你這樣整晚沒回家，也不事先跟爸爸講一聲，外面發生什麼事，誰知道？」罵完後，隔了一個多小時，兒子在房間沒有出來，一打開房門，發現兒子用皮帶上吊了。他把兒子抱下來時，身體還是熱的，急救好久仍回天乏術，昨天送兒子去火葬。

這就是一個事件，以之前的比喻來說，有個大楷的字要寫，到底要拿什麼筆寫？他不知道。他告訴我這件事，出於對他的關心，我第一個就問他說：「兒子這樣死掉，你會不會很自責，想要一起去死？」他說有想過，但是上有高堂，下面還有另一個小孩，不能拋下他們。

接著我繼續問：「那你會不會覺得兒子是你害死的？」他就開始嚎啕大哭，覺得兒子是被他害死的。他說：「許醫師，像我兒子這種情況，如果早一點來找你們這樣的醫生求助，是不是就不會死？」因為他兒子之前已經有一些憂鬱症狀。我問他說：「你覺得兒子現在可能在哪裡？」他說可能在地獄受苦吧！因為自殺的人都要先去枉死城，受諸般折磨。

門診時間不是很長，我跟他約定要固定每週來看一次門診，跟我聊一聊，就算後續要上吊或跳海自殺，不管有任何問題都先來討論一下，我們有個結論再採取行動。

然後我趕快把《我不只是我》翻出來給他看，告訴他：「自殺的人不會下地獄，還會受到特別的心理輔導，因為很多自殺的人一自殺就後悔莫及，發現一時衝動鑄下大錯，所以那邊的心靈輔導員就開始來引導他們，安撫他們的心情。你放心，兒子現在也許知道自己做的事情是不好的，可是他在另一個世界依然有學習成長的空間，如果有緣的話，以後還是會相遇。我百分之百地告訴你，兒子絕對不是你害死的，因為他已經二十三歲了，一個成年人要為自己的生命負責。」

我跟這位爸爸講完這些觀念之後，假設他聽進去了，至少不會那麼痛苦和難過。首先，讓他知道兒子並不在地獄受苦，不必管其他宗教說什麼；其次，讓他不要自責，因為他責備了兒子，兒子選擇上吊自殺，他幫兒子急救也沒救回來。我最後開導他說，兒子走向自己的道路，生命中每件事情的發生都有其道理。

目前我對這位父親先處理到這個階段，再處理下去，就會去探討到底這個實相對他的意義是什麼。可能這個離婚的爸爸自己帶著兩個小孩，在幾年前就開始自暴自棄或酗酒，早就在慢性自殺，現在兒子死在他面前，其實是為了救爸爸的命，因為兒子的死、帶來爸爸的生，重新啟發、震撼了爸爸，給他一劑強心針，爸爸為了自己的父母和另一個小孩，必須重新振作起來，勇敢活下去，面對生命很多功課。

在人生中要活用各類思想創造實相，永遠拿小楷毛筆寫大字就會痛苦

基本上，我們對實相的認識和瞭解要回到這些層面，講得再究竟一點，這一切生生死死、死死生生，都是一場宇宙神聖的遊戲，從頭到尾都不是玩真的，死的沒死，活的沒活，可是因為我們都只困在自我的觀念裡面，永遠只會拿小楷毛筆來寫字，遇到大字就悲哀了，人生的苦痛接踵而至，那是因為我們的人生觀一直都沒有轉變，自我困在很多狹隘的人生觀當中，找不到其他的人生觀。

我們要認出手中拿的是小楷毛筆，而那枝小楷毛筆就像小我或自我，學習賽斯思想會讓我們知道原來還有中楷、大楷毛筆，在遇到人生的困難時，會自在地轉換一些觀念，讓人生變得不一樣。

我不是在安慰那個爸爸而已，我真的試圖帶領他重新認識自己。如果要哭，就痛痛快快大哭一場，哭到後來會發現，他不是為了自殺的大兒子而哭。一旦明白了這一點，生命就得救了，不要再當鴕鳥自暴自棄，不要讓兒子枉死，要好好為自己而活。

舉這個例子，是要讓各位看到生命中發生的所有事件，都是在讓我們看

到有沒有相對應的思想觀念可以用來處理，就像我剛才提到的，思想觀念就是意識心的工具，也是我們身為人生創作者的畫筆，實相創造者用來創造的工具。可是我們常常太執著於某一類的思想觀念，結果看到的都是痛苦、悲哀。其實觀念無分對錯，端視個人如何使用，只要記得我們才是主人，可以自由運用思想。

28-5

立場無分對錯，每個人都是站在自己的觀點往外看

我來說個小故事，有個老和尚看到兩個小和尚在吵架，就問這是怎麼一回事，師兄說：「我早就跟師弟說，每次掃地前先灑一點水，才不會塵土飛揚。」師弟說：「是呀！師兄告訴過我，可是今天地上大部分都是樹葉，灑了水沒有用，我就沒灑水。」然後他們就請師父評理，看看到底是誰對。

師父對師兄說：「你說的有道理，掃地前的確要灑一點水。」又跟師弟說：「從你的角度來看，今天主要是樹葉，沒什麼灰塵，你也有道理。」後來第三個和尚就說：「師父，你沒有個標準，怎麼可能兩個都對？」師父對第三個和尚說：「你說的也對，因為從你的立場來看，我沒有標準。」

每個人都是站在自己的觀點往外看，我們跟家人之間，有多少的爭吵是為了生活上的細節？例如掃地前要不要先灑水？牙膏要從哪裡擠？衣服要掛在椅背還是櫃子裡？每個人都執著在自己認為對和錯的思想裡。我告訴大家，這世界沒有對錯，每個人的出發點都是對的，沒有人是錯的。

以後跟任何人吵架時，只要記得：「從他的立場來看，他是對的。」假設我住一樓，樓上鄰居把果皮丟下來，從他的立場，果皮拿在手上髒兮兮，為了讓自己舒服一點，就隨手一丟，他一定認為這件事是對的，才會這麼做。除非我把我的不舒服反應給他，他才會知道，原來他的對、造成了別人的痛苦，侵犯到別人，那麼，他才會去修正他的對。因此，每個人認為的對一定要跟別人的對或錯取得平衡。

事實上，沒有一個人會用自認為錯的方式來做事，例如小孩子說：「媽媽，『我』知道回家先玩是錯的，可是我還是忍不住。」孩子真的認為自己錯了嗎？不是，這個「我」不是「他真正的我」，他只是把媽媽灌輸的對錯觀念說出來而已，這跟他自己的對錯觀念相抵觸，所以他還是會忍不住。如果「他真正的我」認為是錯的，就不會去做了。

先拿掉自己的思想觀念，才能以對方的思想觀念理解他的行為

我們回來看看，每個人與自己思想的關係是什麼？如何看待我們的念頭與我們的關係？念頭是不是可以隨時變化？如果變化不了，就彷彿一個畫家只能用一枝畫筆畫出整幅人生，這就是所謂的執著。每個人的生命當中，有太多大大小小的執著，我常常講，放下執著不等於放棄，而是改變思想觀念，拿起另一枝更適合的畫筆，解決目前遇到的問題。

比如說，某甲的老婆外遇，他的觀念是：「外遇的女人不忠誠，給我戴綠帽子，讓我沒面子，要不是她死，就是我死。」後來他快刀斬亂麻，離了婚，兩人分道揚鑣。這是放下執著嗎？不是，這是逃避。真正的放下是：他先放下老婆外遇就代表自己被徹底否定的觀念，然後再去瞭解一切的因緣，為什麼會發生這件事？而不是帶著原來的思想觀念評判這件事。

一般人都是帶著自己的思想觀念去看別人的行為，可是我們在看其他人時，得先把自己的思想觀念拿掉，以對方的思想觀念來看他的行為。我想舉個比較生活化的例子，像當初有個女學員躁症發作時，到我們的讀書會只穿一件薄紗，裡面什麼都沒有，這時候我們要怎麼看這件事？如果想瞭解她的

內心，就要以她當時的心理狀態為出發點，我相信那時候的她在想：「人的身體本來就很美，為什麼我不能這樣穿？」這個觀點沒有錯，她認為能展現人體的美是很棒的事，別人怎麼看那是別人的思想觀念，為什麼要在乎？

如果我們能把自己原來的思想觀念拿掉，跳進她的世界裡，看到她當時的思想觀念和情緒狀態，就會覺得她的行為完全合理，而且她是對的，我覺得她現在應該還是認為自己當初沒有錯，我甚至認為她可以為當時的自己喝彩，因為她能不去在乎人家的看法，也許這就是她一輩子努力想做而不敢做的。

28-6

每個人的人生觀只適用在自己身上，不能套用在其他人身上

很多女同學在穿著打扮上，會很在乎人家的看法，擔心如果穿得暴露一點，別人會覺得她在引誘男人。很多人在日常生活中，都是活在其他人的觀念裡，可是前述的女學員在那個狀態時，並不在乎，我覺得很棒。像有個電視頻道裡所有的模特兒全都在展示內衣或最新的時裝，她們可以在那邊自信地展現自己的身材和服裝，為什麼平常我們就不可以？

任何的思想觀念都沒有對錯，很多人太有主見，都是透過自己的思想觀念、信念系統、道德觀，來看待其他人或現象，而且還沾沾自喜，自認為對別人的看法、評論都是對的。如果要瞭解一個人的行為，一定要先把自己原來的思想觀念放到一旁，從對方那時的心理狀態、思想、觀念、年齡、成長背景為出發點，才會得知對方為什麼展現出那些行為或言論，這一點並不容易，但非常重要。比如說，我們在跟家人、孩子互動時，多半是用自己的觀念來評論對方的行為，真的沒有放掉我們的觀念來看對方。

要是能從對方的角度看事情，我們多半會得到一個結論：「原來對方是對的。」很多個案來跟我說：「許醫師，我很想砍死那個情敵。」我馬上說：「你是對的，你跟女朋友這麼要好，半路殺出個程咬金，比你有錢，又比你帥，所以你會想殺他是對的。」我說他是對的，是因為從他的立場來看，我自己是不是真的認為他對呢?那就不一定了。

今天上過這堂課後，大家在看任何現象，一定要試著去問自己：「我現在有沒有帶著自己的觀念來看這件事？」可是我並不是要大家進入「無我」，「無我」是永遠不帶任何觀念，只站在別人的立場為別人著想，那就枉費我們來當人了。我希望大家能通透瞭解「每個人站在他的立場是對的」，在此同時，又能保有自己的思想觀念，知道「我們的對」不見得是「對方的對」，如果「我們的對」能把對方的思想觀念包進來，那麼對方就能被同理、感動，我們說的話他就聽得進去了。

因此，每個人都要開始試著把自己原來的認知、是非標準、人生觀先放到一邊，自己的人生觀、道德標準只適用在自己身上，不能套用在其他人身上，別人也有他自己的思想觀念和道德標準，可是大多數的人都沒有認出這一點。這個部分非常重要，值得大家一再思索。

第29講

29-1

停止用自己的價值標準看待別人，或強加在別人身上

剛才有同學問我：「基本上我們生活在團體、社會當中，不是只活在個人的世界裡，那麼要如何運用上一講提到的內容呢？」

首先，一定要停止只用自己的思想、價值標準來看待別人；其次，要問自己：「我是否常常強行把自己的思想觀念、價值標準加在別人身上？」常把自己的思想觀念、價值標準強加在孩子、親人、朋友身上的人，深受其害的一定是自己，這些人還會覺得很奇怪，為什麼盡心盡力對另一半、對孩子付出一切，結果眾叛親離，沒有一個家人願意留在身邊。

其實我們每個人內在的需求是自由，例如思想的自由、生命的自由、存在的自由，不能長期容忍對方將他的觀念強加在我們身上，即使那些觀念再好都不行，將觀念強加在別人身上就是錯的。此外，我們都不能長期容忍對

方只用他的立場看待我們，而是希望對方從我們的立場，來瞭解我們內心真正的思想感受，不是對方認為對就是對。所有人際關係上的痛苦、破裂、傷心難過，都與這個部分有關，即使是再好的朋友，如果我們用自以為是的好來對待他，他永遠不會覺得被瞭解。

這堂課大家要學會，一個只執著於某一套人生觀的人，會發現最後的受害者一定是自己，這種人會用自以為是的對錯思想、觀念綑綁自己，也綑綁周遭的人。這時候，他們需要的是讓自己自由。什麼叫自由？就像畫家在畫一幅畫時，能運用各式各樣的顏料、畫筆。具備了這樣的人生態度後，就會在生命當中運轉如意，也能學會如何創造實相，此外，還會看到別人天生的自由獨特性和恩寵。唯有能放自己自由的人，才能放所有人自由，否則永遠在互相拉扯、限制、約束。

真正的自由帶來真正的責任，這個觀念跟大家原來想的完全相反。假設畫家在畫一幅畫時，可以自由使用所有的色彩、畫筆，要是他再畫得不好，就無話可說，不能怪罪任何人，這時候他真的必須為自己負責。如果我們規定一個小孩子只能拿特定的一枝筆和三種顏料畫畫，一旦畫不好他會覺得事不關己，全都是大人的責任。

父母不給孩子選擇的自由，孩子就學不會為自己的人生負責

以孩子選科系為例，如果父母跟他說：「孩子，所有的科系你都可以選。」這時候他有選擇科系的自由，學不好就是他的責任，他才會為自己做的選擇負責。如果父母說：「讀其他科系對你以後都沒有好處，現在只有兩種選擇，電機或電腦，二選一。」在此情況下，孩子沒有選擇的自由，就學不會負責，要是讀得不好，他會說：「是你們叫我讀的，又不是我自己要讀的，你們要負責。」

我覺得只有不負責任的父母，沒有不負責任的小孩。所謂不負責任的父母，就是不讓孩子自由選擇，也不給孩子為自己負責的機會，到頭來父母幫他收拾善後，還怪他不負責任。像有些父母會抱怨說：「我們幫他設想周到，選擇好學校，寢具、內衣褲也都幫他買好，送他到那邊竟然不念書，為什麼這麼不負責任呢？」這種自以為負責的父母最不負責任，不給孩子自由、選擇、承擔責任，孩子就不會成長。唯有瞭解這一點，才能教出負責任

的小孩。

我一直很感謝我的父母，很多時候他們只是提供我吃穿，其他的要我自己承擔，以前我也曾經覺得為什麼爸爸不是大法官、不是總統，沒有很硬的後台？後來想想，原來我是要學習為自己的人生負責，真的很棒！

請大家記得，不要再用自己原來的人生觀綑綁自己，人生觀是創造生命的工具，情感是揮灑人生的色彩。就自然人的本質而言，這個世界根本沒有情緒困擾，也沒有憂鬱症，那些得到憂鬱症的人，是因為他們從不容許自己使用某些顏色，永遠要在別人面前表現出沒問題的樣子，不能面對自己內在想依賴、脆弱的那一面，不容許自己流露負面的情感，也不給自己表達負面感受的自由，等到憂鬱症來了，就只剩下負面的感受。

我常常把很多社會現象跟安非他命聯想在一起，使用安非他命的人，可能會出現幻覺、可怕的幻視，用完後會有一段憂鬱期。可是我們社會上很多人沒有在用安非他命，卻呈現出安非他命效應，例如，要集中精神、具競爭力、強大有自信。有部電影叫《情深到來生》，男主角得到末期癌症，拍了很多影片給未出世的兒子看，其中有一段影片是教兒子跟朋友見面時，怎麼跟人家握手，他說：「你的動作要非常有自信，踏著很大的步伐走過去，手伸出來用力跟對方握手，讓人家第一眼就對你產生好印象。」如果這個孩子天生內向、敏感害羞，學這些東西簡直是自尋死路。

坊間很多激發潛能的課程，把一個人突然變得很外向、有自信，我覺得這簡直像是在使用安非他命，試圖讓人變成某一種樣子，但這真的是他原本的樣子嗎？不是，這種做法建立在否定原來所是的自己，而成為另一個最想成為的樣子，這跟賽斯的境界有如天壤之別。賽斯的境界是喜歡現在所是的自己，用愛照顧當下的生活，自然而然就會到達最想去的地方。

29-2

長時間的孤單淒涼感，多半是來自孩提時父母灌輸的不當信念

（《個人實相》第九十四頁倒數第六行）這裡賽斯提到教育孩子的觀念。我們的想像跟著信念走，我們的情緒也是一樣。每個人都有很多信念，想像力會跟著我們的信念，然後再帶來我們的情緒。

一個孩子受了傷就會哭，不痛就不哭了，哭泣之後的情緒就自動轉成另一種，但是，如果這個孩子發現，在事情過了之後他仍哭個不停，大人就會給他特別關注的話，那麼他便開始延續那種情緒。一個孩子跌倒了，痛的時候會哭，不痛的時候自然就不哭，可是他發現，如果不痛了還哭個不停，會得到獎賞——也就是大人額外的關注，或幫他討回公道，去找那個讓他哭的人算帳。兒童早期的信念，就是在這樣的成長環境中建立起來。

打從一個孩子的最早期，就會拿自己對現實的解釋與他父母的想法作比

較，既然雙親比他大又壯，又能滿足他那麼多的需要，那他自然會試圖使他的體驗與父母的期待及信念一致。在兒童早期，父母是他最早的模仿對象，那是他成長環境中最主要的信念來源，所以他會試圖讓自己的思想觀念與父母一致。

雖然，當一個孩子受了傷，他會哭或覺得難過，一般而言相當自然。但是，這個傾向透過信念能被延伸到這樣一個程度，以致「長時間的孤單、淒涼感」竟被採納成為明確的行為模式。假設他不痛了，繼續哭還會得到關愛，那麼他會讓自己停留在一種長時間的孤單和淒涼，就不見得很容易離開那個情緒了。

如果孩子不痛了，大人因應的模式是繼續安慰他，等於讓他覺得自己很孤單、淒涼，需要人家幫助，因為本來大人沒有去幫他，或給予過度的關心和同情，他還不知道自己孤單可憐。因此，很多人是透過別人的對待方式和眼睛，才加強了自己的孤單和淒涼感。

舉例來說，假設某甲一個人不結婚，活到四、五十歲，每天都很快樂，有一天朋友告訴她：「沒結婚的人會變老處女，年紀越大性格會越怪，看到年輕人成雙成對走在一起心理會不平衡。」人本來在很多情況之下沒有問題，可是當別人的觀念思想進來了，就出現問題。

比如說，我們的學員本來覺得很悲哀，一輩子只能當鋼琴老師，現在發現她能賣麵、賣臭豆腐，就很快樂，甚至覺得能轉型成賣臭豆腐的人而覺得自己很成功。如果這個思想觀念沒有跟別人做比對，會不會繼續快樂？會。她每天在賣臭豆腐時，自得其樂，心想：「天啊！我終於擺脫從小到大得獎無數的音樂碩士僵化角色，能站在這裡自由自在賣臭豆腐。」這時候突然跑來一個人對她說：「妳一個音樂碩士，沒事跑到這裡來賣臭豆腐，日曬雨淋，是不是頭殼壞掉？」如果她聽到後，這個觀念進到她心裡，會一邊賣臭豆腐一邊覺得悲哀，而且臭豆腐賣久了，也不知道怎麼彈琴，從此陷入更悲哀的未來。

比如說有人夢遊走在很細的欄杆上，本來都沒事，旁邊的人突然大喊：「小心啊！你會掉下去喔！」結果就真的掉下去了。就像上述的孩子一樣，被欺負或哭了，本來覺得哭就是哭，沒有把哭和悲哀、孤單、淒涼連結在一起，可是每次他一痛，大人就跑去安慰他，等到下次痛的時候，沒有人來安慰，他就會哭得更久、更大聲，覺得自己孤單、悲哀、被拋棄。

可是如果孩子在小時候受傷哭了，大人覺得理所當然，在旁邊看他一眼說：「寶貝，自己站起來，沒事。」孩子四下一看，也覺得沒事，就站起來。那時候他得到內心的滋養和安慰，沒有把痛跟悲哀、孤單、淒涼連在一起。

可是我不是要大家看到孩子跌倒了，都不予理會，而是要讓他學會跟痛的感覺在一起，學會怎麼從那個感覺走出來。如果每次一痛就要別人來安慰，會形成一種信念：沒人安慰代表孤單、淒涼、可憐。長大成人後，會慢慢讓自己陷入長時間的孤單和淒涼感。那些從小被父母溺愛的孩子，一旦父母不在身邊，馬上陷入長時間的孤單與淒涼，沒有得到關懷就要賴，有些躁鬱症根本不是躁鬱症，只是耍賴症而已。這一段內容意義深遠，請各位成人回頭想想，自己內心很多的情緒、長時間的孤單、淒涼、自憐，其實多半是來自於信念。

教導孩子受傷不代表危險，而是安全，因為下次更小心就不會再受傷

在這後面藏著的信念，就是「任何傷害不可避免是災難」。孩子跌倒

受傷，對孩子而言本來是自然事件，理所當然自己站起來，不覺得被拋棄，而且充滿了愛和安全感。但如果父母認為任何傷害都是災難，必須阻止，馬上要去呵護孩子，過度保護，什麼事情都幫他弄得很好，反而教養出玻璃娃娃，一受到委屈就寄望別人幫忙主持公道，如果跌倒沒人扶，就在地上耍賴。其實人體有自然復原的能力，而且孩子不是笨蛋，他知道怎麼走過那些情緒，我們要讓孩子跟生命有第一次接觸，從現在開始，就讓孩子為自己的生命負責。

這樣的一個信念，可以源自，比如說，一位過度操心的母親。如果這樣一個母親的想像跟著她的信念走，那麼她就會立刻在一個微不足道的威脅上，感知她的孩子身邊有個潛在的大危險。充滿焦慮和緊張的父母，會幫孩子設想周到，排除所有的危險，預防所有的災難，把他層層地裹在安全的範圍，結果孩子的能力被閹割。可是父母能幫他擋多久？一輩子嗎？到了學校、出了社會之後，誰來擋？害慘孩子的罪魁禍首，正是父母自己內心最大的恐懼和不安全感。

在這種情形下，孩子透過母親的行為，同時透過感知心電感應，接到這樣一個訊息，而按照那些心照不宣的信念作出反應。這個孩子成年之後，也會習慣讓自己處在長時間的孤單和淒涼，覺得世界上沒有人幫得了他，沒有人瞭解他，因為在他生命剛開始時，就把很多事情視為災難，而不是視為自然的過程，於是每種情緒會導向另一種情緒。

由此可知，這種教育方式會教養出長大後被孤單和災難包圍的孩子，我們在創造這些實相時，都沒有看到背後的信念。真正懂得教育的父母，會給孩子信心、勇氣，然後放心把孩子交給這個世界，知道孩子會帶著父母對他的愛、信任和安全感走天涯，在每個角落都懂得保護自己，而不會把孩子留在身邊或幫他創造安全的環境，擋掉所有的災難和危險。像很多媽媽會對孩子說：「哎呀！這麼晚還不睡覺，對健康不好。」「長時間看電視、看電腦螢幕玩遊戲，眼睛會壞掉。」「不吃飯會營養不良。」「出門沒有穿外套會著涼。」這些話投射了多少的恐懼、焦慮、擔心給孩子？

我常常很羨慕那些老外的孩子，十七、八歲就兩個人騎著單車，在台灣各個山路自由自在地探險。可是華人的父母很少放心把孩子交給這個世界、交給社會、交給學校，總覺得孩子在身邊最放心，就算他在加拿大，也要遙控環境、同學、宿舍、學校。父母的出發點是為了孩子好，保護孩子，可是卻一步一步將孩子推入更可怕的險境。

正因為社會不安全，所以孩子才需要更多的應變能力，而不是社會不安全，父母才要更保護孩子，總不能把孩子雙手、雙腳打斷，永遠跟在身邊。父母自己要先放心，才能給孩子信心，孩子有信心，就可以應付一切危險。

這裡要讓各位成人回想自己的童年，回想自憐、孤單的感受是不是來自於此？別人或父母的觀念尚未影響我們時，我們是不是跟天地、跟自己身體的覺受在一起？疼痛也是一種覺受，會帶來安慰，並沒有好或不好。父母不必讓孩子覺得痛是不好的，受傷是不對的、受傷代表危險，而是要教導孩子受傷代表安全，因為下一次會更小心，就不會再受傷了。

29-3

卜卦擲筊多半與神明無關，只是藉此工具乞求內心提供指引

（《個人實相》第九十五頁倒數第六行）每個人都要找到自己目前行為的線索，不要以為那個線索已被埋掉而通常找不到了。

接下來提到約瑟有時候在做一些決定時，會用擺錘占卜的方式輔助，類似我們的卜卦，像是米卦。那些卦其實多半在運用我們潛意識的力量，因為我們的內在本來就有很多力量，我們一直以為擲筊是神明在指引，其實不是，百分之八、九十都是自己內在的潛意識、無意識在指引著我們，因為那個動作是從我們的手放出去，而手的動作是受到無意識的內我掌控。

原本是藉由這樣的工具，知道內我要告訴我們什麼，向內心找答案，乞求內心提供指引，只是後來被扭曲，將提供指引的「內心」投射出去為神明，變成了乞求神明指引自己一條明路，看看這次擲筊是什麼結果。因此，擲筊大部分都與神明無關，神明只是內我的投射，是我們想要傾聽內心的神諭，靜下心來，看內心給我們什麼指引，這裡只涉及我們跟自己個人的關係，那本來就是每個人探知自己生命的一種自我指引，每個同學都可以有自己的方法，回去試試看。

矛盾衝突的信念最後會造成身心問題

這裡提到賽斯透過魯柏說話，約瑟在幫魯柏做記錄時，手突然出現痙攣，造成書寫困難，他開始感覺到自己的手有一種不尋常的僵硬感，這種僵硬感干擾了字的自然成形，那時候他一直在想到底是怎麼發生的，其實是因為他內在的信念在作祟。

約瑟藉著筆錄轉達賽斯的話而觸動別人的時候，自覺愧疚，因為約瑟相信無法以言語觸動媽媽。就像我和我們這些心靈輔導師，或是像各位同學，有時候運用賽斯的觀念幫助朋友覺得很好用，可是碰到親人、小孩，又覺得幫不了他們，感到很愧疚，很多人內心都有類似的掙扎。約瑟的潛意識有這樣的掙扎，剛好那陣子他母親身體微恙，約瑟認為：「我在這裡寫賽斯書，

幫忙把賽斯書的智慧傳到全世界，可是媽媽住院，我現在竟然不是在醫院照顧媽媽。」他因此產生罪惡感，以疾病來懲罰自己。

我常常講，如果有同學坐在這裡上課，越上越頭痛，此時要開始探討內心，是不是一邊上課一邊想：「怎麼還不下課？萬一孩子功課沒寫完，又沒有洗澡、上床睡覺，先生回來罵我怎麼辦？」她當下可能在潛意識閃過一個念頭，沒去特別注意，就開始頭痛了。頭痛是要告訴自己什麼？自責。問題是她一邊自責，卻又不甘願離開，因為離開代表自己又為那個家、為孩子放棄成長，裡面夾雜著對先生的生氣：「為什麼他假日去喝酒、釣魚都可以，我來上課，讓他帶孩子三個小時就不肯。」種種矛盾的信念加起來導致頭痛。

每套信念系統都會造成身體機能的一種改變，矛盾的信念系統就好比身體有兩套指揮系統，像是要走還是要留？兩個命令都下達了，沒有去調和這個矛盾，身體機能馬上產生變化，剛開始可能是頭痛，再來是內分泌失調，到最後慢慢出現器官實質性的病變。因此，矛盾衝突的信念最後會造成身心問題，這就是所謂的自我覺察。原來簡單的頭痛，背後還涉及了這麼多的內心探討，只有我們這邊才能講得這麼透徹。

約瑟的意識心裡面有很多「相互衝突」的信念，這些信念又給了身體意識混淆不清的訊息：要寫又不要寫，要休息還是不休息？要坐計程車還是公車？要聽先生的話還是自己做決定？要買還是不買？更大的衝突是要不要離婚？離婚後孩子要給對方還是給我？如果沒有去面對這些衝突，久了就會變成身心問題。

光從這麼簡單的現象，就可以讓我們瞭解這麼多，所以不論大家遇到什麼身心問題，一定找得到背後矛盾的信念，如果找不到，是還沒找到，並不是沒有。賽斯說，我們那些信念一直都在，只是沒有認出來，或是不想認出來。

人生就是喜悅，即使發生壞事，也是為了帶來好的禮物

我們在處理的是心中的信念——真正的功夫是在內心完成。事情肯定而毫無疑問地會照著我們對信念所下的功夫而發展。就像以前「壞」的結果來自壞的信念，我們也必須相信，改變信念後，好的結果一定會隨之而來。

只要相信生命處處是喜悅，生命的苦痛只是成長的短暫過程，那人生

的色彩最後終必導向基本面，也就是，人生處處充滿歡笑和喜悅，本來無一事，何處惹塵埃。覺得人生本質上是痛苦的人，可以換另一種角度思考：「如果沒有什麼特別的壞事發生，人生基本上都是快樂的，即使發生了壞事，也是為了帶來好的禮物。」若是抱持著這種人生哲學，不論事情好壞，都有好結果，穩贏不輸，很簡單。

真正的功夫是在內心完成，只要下了功夫，便可安心等待其結果，但切不可時常查看結果來了沒有。一直查看就表示不信任，像我有個癌症病人，之前是坐輪椅，兩、三根肋骨被癌細胞吃掉，又轉到腰椎，醫生說大概活不過半年。後來他化療都沒有用，乾脆統統不治療，到門診來找我，也找另一位心靈輔導師做夫妻治療，然後來上賽斯書、心靈輔導員的課，也開始爬山、練旋轉氣功。

經過了半年完全沒有回醫院，因為他相信我說的一句話：「不要太早掀鍋蓋。」一直到上上禮拜去醫院回診，醫生說：「你都說你很好，不然來照一張X光片證明給我看，說不定全身爛光光了，還吹噓那個許醫師很厲害。」他想醜媳婦總要見公婆，之前肺裡面兩邊都長滿癌細胞，這次一照完，醫生的態度馬上改變說：「你原來怎麼活就繼續活，繼續去找那個許醫師，繼續爬山，這樣就對了。」

一旦堅定信念，就要勇敢走下去，反正生命在乎的不是長短，而是精彩度，不要太早掀鍋蓋，好好學習，不要懷疑，一懷疑就會退轉。起碼給自己一段時間，三個月、半年，好好走下去，保證絕對有很好的結果。

這部分內容不多，但是給大家很多的思考空間。從思想和關係的執著談起，我跟大家講兩件事：第一、停止只以自己的思想觀念和標準看待別人，若要瞭解別人，先把自己原來的認知、思想觀念、標準放在一邊，試著透過別人的生命、立場、角度來看他的生命。第二、不要常常把自己認為好的東西、價值標準、觀念套用在別人身上。

接著，我們認識了何謂負責任的教育，真正負責任的父母、老師，是開始讓孩子慢慢能為自己的生命負責任。最後，我們也認識到頭痛或任何疾病，背後一定包含了矛盾衝突的信念，在尚未找到這一點之前，無法瞭解什麼叫身心靈健康，因為即心即佛，即心即身，身心靈本是一體，互相影響，互相圓滿，大家都要開始瞭解這些東西。

第30講

30-1

好的親子教育是父母和孩子彼此認識對方真實的一面

先來介紹《在孩子心裡飛翔》這本新書，主要是在講兒童和青少年的身心靈教育，我本來以為書名會是《孩子的身心靈教育》，後來出版社取了比較大眾化的名字：《在孩子心裡飛翔：許醫師四十八個親子共處妙方》，內容提到如何把賽斯思想運用在親子教育方面。

有位學員分享：「因為我自己在學校待很久，所以有些感觸，父母常問說孩子都不想讀書怎麼辦？我一直覺得，我們把讀書變成教育的唯一目標，很少人能想到孩子讀不讀書並不是最重要的，他想讀才會去讀。但是，現在小孩子讀書是為了爸媽，孩子要的東西跟爸媽要的距離很遠。現在的家長把物質層面的東西抓得太緊，沒辦法看了書以後就放手去做，而且父母多半不見棺材不掉淚，要是事先跟他們講這些東西，都會存疑。許多父母以為孩子在視線內表現很好，沒看到孩子離開身邊的模樣。教育其實是要教孩子不論是否在父母面前，都能成為他自己。」

我說：「這句話很重要，孩子不在父母身邊的模樣，可能父母從來沒有想像過。像我有個個案的爸爸以前是特勤部隊，很天才，十多年前就在兒子的房間裝針孔攝影機，想知道孩子不在眼前時，都做些什麼。不過他的孩子可能也遺傳到他，很快就發現爸爸的把戲，把針孔調到爸爸看不到他在做什麼事情的角度，比方說，爸爸只看到左半邊，他左半邊就拿著教科書，而右半邊是拿《花花公子》雜誌。孩子並沒有遮住攝影機，但只讓爸爸蒐集到爸爸想知道的情報，讓爸爸心安。這麼多年下來，爸爸還以為孩子都在他的掌控之下。」

學員繼續說：「我在帶學生的過程中，發現這些青少年都在跟父母玩遊戲，他們知道父母不想要他們做哪些事。我看了以後不知道怎麼跟父母講，而且我絕對不能講，因為這些父母還沒有準備好要如何面對小孩，講了之後，孩子可能也會在我面前演戲。父母不要以為自己很厲害，道高一尺，魔高一丈，這樣只是在訓練孩子跟父母玩遊戲。」

我說：「就孩子的教育而言，我覺得有個很重要的觀念就是，父母在跟孩子相處時，目的性太高，太愛說教。好的親子教育是讓孩子認識父母真實的一面，父母也去認識孩子真實的一面，而不是彼此在玩遊戲。」

父母太愛說教，可能會讓孩子陽奉陰違，面臨人格上嚴重的撕裂

我曾經跟一個門診個案說，要多跟孩子溝通，她說她都一直在跟孩子溝通。我問她怎麼跟孩子溝通？她說送孩子去學音樂，孩子不願意去，她就跟孩子說：「孩子，你們現在好幸福喔！媽媽小時候根本沒有錢學這些東西，想去都沒辦法耶！」看似在跟孩子溝通，骨子裡還是在說教，這就是很多父母對孩子說話的方式。

我建議父母在跟孩子溝通時，必須把孩子當成另一個獨立自主的個體，溝通的出發點是想知道孩子內心真正的想法，所以要先拿掉父母自己所有的意圖，不去說教，不去講道理。可是大部分的父母對孩子真正的想法與趣缺缺，只在乎如何雕塑孩子，讓孩子明白做人做事的道理，導引孩子的思想行為。

以植物為例，每種植物需要的生存條件都不一樣，有些植物的濕度要高達百分之八十，有些兩個禮拜澆一次水就足夠，如果父母在不清楚孩子屬於哪一類型之前，就不斷地用講道理的方式傳達自己的人生觀給他，那麼只會培養出一個陽奉陰違的孩子，在父母面前跟父母背後完全是兩個樣子，這會讓孩子面臨人格上嚴重的撕裂。

以在座同學為例，有多少人能以自己真實、完整、原來的面目出現在父母面前？老實說我並沒有，我在父母面前多半是老萊子娛親，耍寶、唱歌、跳舞，有時候我也沒興趣讓他們知道我在想什麼，很多人可能都跟我一樣。

我常聽很多個案講，得到癌症、離婚、跟先生吵架、事業失敗，第一件事就是不能讓父母知道。可是身為父母，當孩子的生命陷入悲慘、痛苦，如果第一個反應是這件事不能讓父母知道，就要一則以喜，一則以憂。喜的是孩子不想讓父母擔心，憂的是孩子覺得讓父母知道有害無益。像很多父母後來說：「我怎麼跟孩子溝通？他在外面發生了什麼事情，回家都不跟我說。」因為孩子從小根本沒有養成跟父母講話的習慣，一開口父母就教訓他、糾正他，孩子不能在父母面前呈現最真實的自己。

從另一個角度來看，父母能在孩子面前呈現真實的自己嗎？在同事眼中和在孩子眼中，有沒有很大的落差？能不能在孩子面前脫掉身為父母的角色和面具，讓孩子看到父母跟周遭人真實的互動？如果父母在孩子面前一直都想維持父母的形象，那孩子在父母面前，相對地就永遠只是孩子的樣子，裡面會有很多遊戲，而沒有真正的思想和情感交流。

越鼓勵孩子在自己面前可以真實的父母，也越不害怕自己在孩子面前是真實的。父母越真實，孩子才會越真實，彼此都開始真實後，孩子才會慢慢敞開心胸，知道雖然彼此具有血緣關係，卻又能尊重各自的獨特性，親子的情感才會交流，而不是明明有愛、有關心，但距離遙不可及。

30-2

在助人的過程中，最大的受益者就是自己

如果心靈輔導員能讓個案覺得安心，什麼都願意說，感受到輔導員不帶批判、沒有分別，不會指責、攻擊、鄙視他，就成功了一半，療效已發生。很重要的一點是，許多人的行為不會因為我們指正他們錯就去改變，我常常講，那些販毒走私的人都知道自己做錯事，那他們還做不做？做。

例如我有個個案有戀物癖，這個大男生喜歡收集女用內褲，如果收集到沒洗過的女用內褲，簡直如獲至寶。有一次，他太太發現了先生的抽屜裡，竟然有別的女人穿過沒洗的女用內褲。他這輩子怎麼可能讓任何人知道這個怪癖？後來他到門診來告訴我（這時候心靈輔導員的角色很重要），我絕對不能為了安慰個案而騙他說我也是，因為從事心靈輔導是個誠實的

工作，我們要同理他的處境。如果他發現我鄙夷他或聽了哈哈大笑，那我就幫不了他。

意思是心靈輔導員具有一種特質，不是不能有個人的情緒反應，而是當我站在那個角色時，要記得我是人類的包容者，不見得每個人都是好人或善人，要對事不對人，看到他背後的善。輔導別人的人最容易增長慈悲心，什麼叫慈悲心？能瞭解對方的痛苦，即使對方的理論荒謬不已，仍願意去同理、接納、不批判，這一點不容易，而最難的是當我們發現個案跟自己的配偶很像的時候。

一個事不關己的人訴說他的痛苦，我們會覺得跟自己沒有太大的關連。像之前一則新聞提到，一位女檢察官的先生有婚外情，她飽受先生外遇的心靈折磨，後來那些觸犯通姦罪的男性落在她的手上，通常會以最嚴重的刑罰起訴，這就是我們所謂的「反轉移」。

假設一位心靈輔導員自己正蒙受家暴或另一半外遇的陰影，個案碰到的問題又跟自己類似，此時，那種深惡痛絕的情緒反應就會出來。比如說，心靈輔導員的爸爸是個酒癮患者，從小看爸爸喝酒鬧事，媽媽一輩子的幸福就毀在爸爸的酒癮，有時候還得去警察局把爸爸領回來。現在如果遇到一個酗酒的諮商個案，光聽他講酗酒後的荒唐事，就有一股想拿椅子砸他的衝動，因為那時候輔導員看到的不是個案，而是那個讓自己吃盡苦頭的爸爸，挑起了私人恩怨，這是最簡單的反轉移，也是最大的修行。

從事心靈輔導工作的人，會發現吸引到身邊的個案都是為了要來幫忙自己，藉由個案看到自己的問題所在。像我剛開始當諮商師時，真的嚇到了，那些個案擺明就是沖著我來，每個人顯現出來的問題，我在成長過程中都碰過，也是我自己的心路歷程，他們遭遇的都是我曾經走過的路。

於是，我相信一個很重要的理論：「在這個世界裡，從來沒有一個人是在幫別人，而是透過助人的過程讓自己得到幫助。」當我們深入對方的心靈，試圖安慰他，瞭解他，解決他生命中最大的痛苦，最大的受益者一定是自己。等到心靈輔導員的狀態改變了，那段時間的個案就會變成另外一批人，會隨著每段時間心境的不同，而吸引不同的族群。宇宙就是這麼奧妙，為每個人量身剪裁訂作命運，我們生命中發生的每件事、出現的每個人，都

有很神祕的線索。

每個人出生的家庭是為了這一生的挑戰，以完成靈魂的功課

在吳宇森導演的電影《記憶裂痕》裡，有段情節就是在說每件東西都派得上用場，出現在周遭的每個人，包括父母、兄弟姐妹，所有的人際關係和朋友關係，甚至連孩子的疾病，都是為了我們身心靈的成長。

一旦相信宇宙為我們量身打造命運，而且命運是為了搭配自己的心靈成長，就會擁有不一樣的宇宙觀和人生觀。賽斯也說過，每個人出生的家庭是為了這一生的挑戰，以完成靈魂的功課。如果某甲是一朵蘭花，那麼成長環境就是她的培養皿，無論小時候發生多少悲慘的命運，例如當童養媳，結果先生又早逝，都是她這朵蘭花的特殊配方培養皿，為的是長養出她這一生最具特色的人格，還有生命與眾不同的味道。

越能認識這個觀點，在生命當中越會認命，可是這個認命不是消極的認命，而是認出命運是為自己量身訂作。認命之後是知命，知道命運是怎麼一回事，接下來慢慢就是創造命運，總共分三階段。

賽斯學派的心靈輔導員最大的特色，就是具備不同的思想基礎，有著對宇宙的信仰和生命的信任，能引導個案從光明正面的態度看待所有的成長背景，與過去其他心理派別截然不同。

30-3

練習不戴面具過生活，靈魂的本質是真實，越真實越接近本來的自己

學員分享：「剛才您說我們在孩子面前要卸下父母親的面具，我覺得很困難，我們一直都是戴著面具，每個人看到我們的樣子不太相同。以前我自認為是不戴面具的人，還想說怎麼會有人戴著面具過日子呢？最近我發現原來自己也很會戴面具，例如痛苦時不想讓媽媽知道，雖然她在我心裡是非常好的媽媽，可是她聽不太懂，幫不上忙，只會徒增她的困擾。

「在我最痛苦時，會在某個朋友面前放聲大哭，可以表達自己，那是一種相信和鬆懈。但在孩子面前，我也會保持一種距離，因為我不喜歡別人把負面情緒加在我身上，所以我也不想把負面情緒加在孩子身上。要卸下父母親的角色，好像不太容易，總覺得基本上那就是我們扮演的角色。」

這位學員分享的其實真的不容易。我說過，人格的英文是 personality，這個字的字根persona就是面具的意思，我們所以為的自己，很多根本就是外塑出來的，也許戴了一輩子的面具仍不自知。比方說，某乙的老公外遇了，那個覺得受傷的自己，可能也只是面具，像有的老婆就不見得會難過，碰上老公外遇，也許很開心地想：「醜男也能外遇，我真的服了造物主！」

如果坦誠面對自己的感受，會發現很多時候自以為真情流露，或是像孩子功課不好，覺得難過受傷，這些感覺可能都是面具，只是自己不知道。人一輩子活出來的那個「我」，也許都是所謂的「假我」，也就是被外在的價值觀塑造出來的自己。

請大家想想看，現在所認識的自己，有多少是被父母、老師、教育、課本和整個社會的價值觀塑造出來？我相信目前百分之七、八十以上的人，那個我可能都是假我，因為我們的教育本身正是在塑造出栩栩如生的假我，能適應良好的假我。

人格本身是為了適應外界而存在，外界就是面具。覺得自己行事風格大方的人，真的願意大方嗎？不一定；或者很小氣的人，本性真的很小氣嗎？也不一定，這可能都是假我、都是面具，只是自己從來沒發現。有些人甚至不敢去發現，因為拿掉了面具，裡面到底是一張什麼樣的臉？淫蕩的臉、小氣的臉、野獸的臉？整個心理諮商的過程，就是在讓個案看到哪個是假我，哪個是面具，哪個才是真實內在的我。

基本上，我覺得自己的人格還算健全，比較敢去談論自己，很多人可能連這個念頭都不能有。可是，靈魂真正的本質是真實，越真實越有力量、越接近我們本來內在的自己。到底我們戴面具活了多少年？這是大家要去思考的部分：「現在的你是真正的你嗎？如果有一天，你可以不需要面具，完全不在乎世界對你的看法，也不必在乎任何人對你的感覺，那時候的你會是什麼樣的你？你對那個內在的自己認識多少？」這就是心靈真正整合的過程。

父母越能瞭解孩子在其背後的樣子，越能幫助孩子

有時候孩子會跟父母玩躲迷藏，父母看到的孩子與外人看到的不一樣，到底我們真實的形象跟在父母面前看到的樣子有多少落差？身為父母的人，越能瞭解孩子在其背後的樣子，越能幫助孩子。孩子非常清楚父母的尺度和界限，知道父母看到什麼才會安心，所以很多東西都不想讓父母看到。假設

孩子的生命碰到痛苦、災難，卻不敢讓父母知道，那時候父母會不心疼嗎？

所有人都渴望能全然呈現自己而被接納，奇怪的是，這件事目前只有在諮商室裡做得到。以前我在諮商時甚至會做到一個地步，把所有東西都收攝進來，讓個案感覺在我面前面對的是空無，我連自己散發出來的氣味、眼神都要收進來，就像大家去寺廟看佛陀的眼神，佛陀不是向外看著人，是往內收攝看自己的肚臍。

在這個情境下，個案才能全然地展現自己，毫無顧忌、擔心，我甚至不去導引。個案常說：「我不知道要說什麼。」我就說：「隨便說，想說什麼就說什麼。」我不要他揣測我要聽什麼，因為一般人從小到大太會說別人想聽的東西，展現別人想看的樣子。但是我們在做心靈輔導時完全無我，讓個案在我們面前什麼都可以說，即使是最見不得人的事，說出來都能覺得心安。

那一刻我終於明白什麼叫做神，什麼叫做佛，神佛懷著對眾生的瞭解，跟著眾生的情緒起伏，感受得到每個人內在的痛苦，全然包容，重點是不批判，不會告訴我們應該怎麼做，只是說：「孩子，我瞭解你。」原來神佛是如此慈愛地看著人世間的眾生，說老實話，那不是我們任何人能做到的。我是從不斷諮商個案的過程中，才慢慢體會到造物者或生命的創造者，對每個人類都有著如此深刻的情感，遠超過父母對孩子的情感一千倍、一萬倍，帶著更深的瞭解和無條件的支持，讓每個人覺得被恩寵，不會被拋棄，做自己、成就自己並沒有罪，無論生前死後，所有的存在永遠會得到導引和保證。

30-4

所有外在的東西都是為了喚醒自己內在早已存在的東西

學員分享：「上次我講了一些自己的事情，讓我成長很多，這個月內心有很大的轉變和說不出來的感動。剛才提到面具的部分，我記得一個月前，跟大家分享我的事情，回去隔天打電話給嘉珍老師說：『我好像愛上許添盛了。』她說：『你愛上的不是許添盛，而是愛上一個能量。』

「那時候我不太喜歡講能量，我覺得那種東西很玄。後來她就說，很多女生來這邊是因為許添盛的群眾魅力，我就想，原來我也是其中一員。那時候講完電話我很難過，一直哭，也不知道哭什麼，感覺好像有個東西幻滅了，把我從夢中叫醒。嘉珍老師還說：『妳就接受這個能量吧！』我當時想我為什麼要接受一個男人的能量？後來還是試著去接受，面對自己到底愛的是什麼東西。

「第二天我去上鋼琴課，發現跟學生相處變得很容易，對他們很有愛心，非常清楚他們需要什麼，上完五堂課，我一邊開車一邊哭，很高興忽然間找到內在的神性。過去我很依賴，可是又不想結婚，一直想尋求獨立，所以有很多衝突。奇怪的是，自從接受那個能量的轉化，我就變成很有力量，覺得整個人很順利，獨處時非常有安全感。」

這位學員講得很好，她覺得愛上了我，我的詮釋是：「因為她在這個過程裡，感覺被瞭解、接納、支持、傾聽，所以她愛上了生命中美好的感覺。」如果我代表了她心目中美好的事物，那麼這美好的事物將引領她發現心中的美好，接納了那樣的感覺後，自己會變成那種美好，於是在面對她的學生時，也開始散發出美好。

也許我試圖想變成一種象徵，喚起各位心中的美好，就像我一直覺得賽斯喚醒了我心目中的美好，那個美好不在我身上，而是在每個人身上。如果喚起的是一種愛，那更好，讓每個人發現自己心中有愛，以及對生命的熱情。我知道我喚起了很多人生命的熱情、對生命的執著，以火為比喻，就是藉由我點燃了大家心中的能量，這是我一直在做的工作。

如果同學覺得跟我講話、看著我，有種回家的感覺，其實真正的家就在她心中，也許我代表的是，她回到自己心中真正的家的那種感覺，被愛、被呵護、被接納的感覺一直在她心中，但不是我這個人。我常常說，無我相，無人相，無眾生相，所有的一切只是帶給我們心目中的美好，我們自己就是那個美好。

我一路走來一直堅持這個原則，就像我傳達賽斯所有的理念，都不是為了要膜拜賽斯，因為賽斯講過，我們在認識他是誰的時候，就是開始認識自己。如果同學感覺到被我喚起了某些感受或能量，那些能量一直都在每個人心中，只是大家正準備慢慢醒過來。

我們擁有不了任何外在的東西，不論是男人、女人、老師，所有外在的東西都是為了喚醒自己內在早已存在的東西，那是任何人都奪不走的。一旦喚起了自己的自信、安全感，發現說出心中祕密，不但沒被嘲笑，反而得到那麼多人的支持，這正是每個人內心的渴望，那種全然瞭解、包容、接納的力量，我們一度以為是來自我們的父母，其實不然，因為父母也是從那個賜予我們大生命的力量而來。

30-5

心境影響外境，展現內在力量就能改變外界環境

賽斯在這裡提到方法，我個人也覺得滿好用的。在生活中會發生一些不開心的事，舉例來說，我媽媽上禮拜跌倒，肋骨跌斷一根，就會覺得很不開心，因為父母骨頭跌斷總不是什麼好事。現在大多數人還是把自己的心境視為被動的現象，認為心境是受外界環境的影響。

這要從我們整個哲學基礎開始談起，因為在科學觀點裡，認為是先有外界的環境，才產生我們這樣的生物。大多數的人關於情緒的描述是：「他先對不起我，我才生氣。」「股票下跌，我財產剩一半，才會痛苦。」「人生得意，我當然開心；人生失意，我當然難過。」「考試考得好，我心情很愉快；錢被騙了，我很傷心。」像有個個案來找我，失眠、焦慮、有自殺的意念，他說：「我兒子失業、酗酒，喝了酒就跟我要錢，在這樣的家庭環境，叫我怎麼開心得起來？」

百分之九十九．九的人，心境都隨著外界環境改變而受影響，這裡面有因果和先後關係，於是造成了很大的錯覺：「我兒子不喝酒、不賭博，我的心情當然好。」「我老公認真工作，開始負責任，不玩女人了，我的心情才會好。」「現在經濟很糟糕，總統換人我才開心。」有的個案也會說：「我不用吃什麼藥，醫什麼病，只要老闆幫我加薪一萬元，就沒事了。」「叫威廉王子娶我，我生命中所有的問題就迎刃而解。」

大多數的人都渴望外在情境改善，相信只要外面的那個人、那件事改變，就天下太平。我要告訴大家，這樣講只對了一半，究竟要如何才能讓外界的事情改善呢？還是得從改變心境開始。我們一直沒有認出來，自己的心境能影響外界的環境，搞不定自己心境的人，在生命和環境當中永遠充滿無力感，現在很多人都是這個邏輯下的受害者，比如說，把自己的未來、前途寄託在由某個黨派執政，很多的社會運動、改革運動，都想直接改變外界的環境，其實不對。

很多宗教的修行人說：「我們的心境不要跟著外面波動就好了。外面亂、裡面不要亂，外面不安、裡面不要不安。」如此一來，到最後會變成消極、退縮，很多宗教的修行只停留在這個階段而已。整個賽斯的理念更進一步：「外界亂，沒有關係，我讓自己的心不要亂，在我眼前的外界就會開始不亂，以內轉外。」不但注重個人心境上的自在，而且透過內在整個力量的展現，讓外界也開始積極改變，這就是所有人生命的創造力和解脫之道。整個賽斯思想跟一般消極退縮、隱蔽山林的思想不太一樣，賽斯要我們先瞭解自己的心境、內在所有的一切，然後從內再去轉外。

先改變自己這個觀察者，才能改變觀察到的現象

（《個人實相》第一〇一頁最後一行）要改變信念，可藉以相反信念取代的方式。

針對那個想要改變的信念，生出一種「與該信念引起的情緒相反」的情緒。這裡提到一個很詭異的修行方法，如果覺得痛苦沮喪，試著先讓自己開心起來，相信生命中有美好的事件，從情緒的反向著手。如果覺得生命悲哀失敗，當下先承認失敗的感覺，不要否認，比如說剛失戀，當下承認沮喪、

難過、被拋棄的感覺，然後開始讓自己愉快的心情出來，可以藉由一些外在事件，像是買一束花給自己、吃一塊美味的巧克力，情緒上先改變，把自己的想像力轉到符合新產生的情緒和信念的方向，同時有意地向自己擔保，那個不令人滿意的信念，以及目前外在發生的不好事情，只是對於現實的一個意念，而非現實本身的一面，並不代表所有的實相。

這個練習很重要，我們要開始用情緒和信念創造實相。做法是擁有好心情，就會有好事發生在身上；相信自己是好人，這是好的宇宙，那麼就會過好生活；發自內心感覺到生命的甜蜜與幸福，周遭環境也開始有了幸福的感覺。但是，現在很多人產生不了好心情或內在幸福的感覺，只能跟著外界的痛苦事件而產生痛苦，結果裡面的痛苦又製造外在新的痛苦，不斷輪迴，一次又一次惡性循環。

我們期望大家開始成為另一種精神上的新人類，讓自己心中的美好變成周遭環境的美好。很多人不信任現在的社會、不信任總統、不信任所有人，總覺得是對方不值得信任，所以我們才不信任他，對孩子也是一樣。我們要學的是一旦願意去信任外在世界，外在世界就會相對呈現出能被信任的樣子。多數人以為我們只是環境下的受害者，不願意相信我們可以去創造外界的環境，可是創造的過程必須由我們開始，我們自己就是現象界的一部分，如果沒有改變自己這個現象，對外在現象就無能為力。

舉例來說，現在很多有理想、熱情的人，覺得社會很亂、不安定、族群撕裂，紛紛跳出來示威抗議，想解決社會亂象，結果自己也成為亂象的一部分，為什麼？因為他們沒有先改變自己，若不先改變自己這個觀察者，無法改變觀察到的現象。

回到以前一個常見的比喻，一面旗子隨風飄動，是旗動、風動、還是心在動？旗子飄動，心一定要亂嗎？在這個時代，如果沒有開始回到自己的心，做心的主人，瞭解「你創造你自己的實相」這句話，面對亂世，外界環境越來越惡劣，就會跟著向下沉淪，外面越亂、心越亂，心越亂，外面就越亂，此時的所作所為，只會變成新的亂象。

若陷入負面情緒，首要之務是立刻抽離那種心境，維持正面積極的態度

賽斯講過，在亂世中，像是禽流感、SARS來的時候，思想有力量、正面、平和的人，需要很大的勇氣。真正的修行者心不但不亂，還能創造出眼前方寸之間的寧靜，實在不容易。很多記者或廣播電台主持人問我：「許醫師，針對現在這個亂局，我們如何自處呢？」這不是三言兩語就能講清楚的。像今天說的這個練習，開始讓自己不陷溺在負面情緒，就是很重要的功課。比如說，看到孩子功課不好、先生收入不穩定、房貸多、或是整個社會混亂的現狀，有辦法讓自己的心不焦慮、不恐慌、不憂鬱，實在不容易呀！

處於順境時，要保持愉快的心情很簡單，一旦生命陷入苦難，覺察到自己陷在負面情緒，首要之務是立刻抽身，將自己拔出來，離開那樣的心境，維持對生命正面、積極的態度，這才是真功夫。我門診的個案都是深陷其中，拔不出來，不管是憂鬱症、焦慮症，都無力阻止自己不去負面思考，不落入負面情緒。例如他們會想：「我不工作的話，房子有貸款，可是工作讓我很痛苦。我能力這麼好，上司把所有工作都交辦給我，做不好又不行。」

每條路都走不通，離不開恐懼的情緒和負面思考，到最後只有自殺一途。

賽斯講的這部分，大家要開始練習，尤其是生病的人更是如此。對於發生的事情很在意時，第一步，先讓自己離開陷溺的負面情緒；第二步，產生相反的情緒；第三步，產生相反的信念；第四步，點燃想像力的火炬，將信念和情緒推入具體現實，開始想像一些美好的事物發生在身上，那麼整個生命會進入另一種循環，也就是創造實相的階段。這是當今世界最重要的能力，唯有具備這種能力，才不會被混亂的大環境捲進去而充滿無力感。

舉例來說，如果教育人員、老師在面對集體教育環境的惡化、學生價值觀的偏差，就跑去抗議，最後一定會陷入很大的無力感，就像那隻吊在蜘蛛網裡的獵物，最後甚至連掙扎的力氣都沒有，只能等著悲慘的命運緩緩靠近，因為生命再也擠不出任何力量。老實說，已經慢慢開始有人掉進去，然後在天災、人禍、傳染病中死亡，賽斯講過，他們是死於內心的無力感，從來沒有一隻病毒可以殺死一個不想死的人。

30-6

有些人的生命雖然經歷苦難，但是會因此開出更燦爛的花朵

（《個人實相》第一〇二頁第五行）賽斯講，我們要明白，意念並非靜止不動的，情緒與想像左右了它們的方向，而或加強或否定它們。我因為工作關係，聽到很多人訴說生命中悲慘的事情，但是我去洗個手、上個廁所，就會開始讓自己回到「生命是喜悅」的感受，內心有一種甜蜜的感覺，覺得這些人雖然經歷生命的苦難，但是會因此而開出更燦爛的花朵。當我帶著這樣喜悅的心再回到診間，有時候真的很像一個小型核子反應爐，緩緩地釋放出對生命無窮的能量，看到那麼多的痛苦和悲慘，心中只有更多的希望和力量。

我們要以一種遊戲的態度，有意地「玩」自己的意識心，就像孩子玩遊戲一樣，在其中有一陣子完全忽略所謂的現實，而「假裝」我們真心想要的才是真的。大人常常都太實事求是，而忘記了遊戲性的信念、情緒和想像力才是創造實相的偉大工具。

接著賽斯舉一些例子，一個很窮的人、很胖的人、沒有愛的人、老是找不到理想工作或際遇悲慘的人，都可以透過這樣的過程創造出想要的實相。如果有病在身，好玩地想像自己已無病一身輕，愉快地在夏威夷海灘追逐著浪花或玩著滑翔翼，這樣的想像力和信念出來時，會發現身體開始朝向正面反應。每個人都要用這種方式創造實相。

每個人都要走出自己的道路，不要受大環境影響

像我一路走來，都在創造自己的實相，有時候我不太跟別人溝通，因為我要走自己的路。舉例來說，最近醫院可能要增設日間病房，很多前輩會說：「日間病房不好做，尤其你們又沒有急性病房，如果日間病房收一些精神病患，急性發作要轉走，轉走後就不會回來了。」我完全不會這樣想，我會想：「我開了日間病房，心靈輔導員開始帶大家讀賽斯書，然後近悅遠來。」

我從來不以別人的角度看事情，我很清楚自己打算怎麼做，有些人一聽到別人失敗的經驗，根本不敢嘗試，所以人家覺得無法完成、做不起來的，我一概不信，失敗是他家的事。我從小到大就相信每個人可以創造自己的實相，而且還會因為發揮出自己最大的力量，創造實相後改變世界。

像我在看門診也是一樣，很多人告訴我：「病人來看門診就是要拿藥。」我開始吸引那些不吃藥的門診病人，來找我就擺明說：「許醫師，我不要吃藥。」他不想吃藥，可是到其他醫院都要假裝，醫生也不知道，只好繼續拿很多藥，一看到我就很高興，終於可以說實話。由此可見，只要信念夠堅定，一定會走出自己的道路。

一般人都是隨波逐流，人云亦云，其實別人怎麼樣，跟我們毫無關係。像我們院長說：「你看，別家醫院的慢性病房就做不太起來，小貓兩三隻，三個醫生圍著一個病人問診，工作人員比病人多，怎麼做？」我說：「院長，做的人是我耶！」我不是在講我特別怎麼樣，而是每個人都要走出自己的道路，不要受大環境影響，真的可以做到所有想做的事。

不論是台灣或其他國家的人，目前普遍的信念都是時機越來越不好，但是時機不好也是信念，如果我們的信念開始改變，時機只會越來越好，那麼生命也會越來越好，即使是破產，一樣會越來越好。可是有人會說：「明明就越來越不好。」這時可以問他：「那你想不想越來越好？如果想，就要開始相信會越來越好。」藉由相信越來越好，生命的確會有所不同。

腦海中不存在的東西，不會在現實中發生

常常我們內在有很多的矛盾，可能相信自己有權擁有健康，卻又以同樣的強度相信，人類境況是天生的被污染了。一方面想擁有健康，一方面又相信遺傳的作用，覺得身體到老一定會病痛多，根本是在自相矛盾。我們要很清楚自己灌輸什麼訊息給身體或潛意識，很多時候我們的矛盾、痛苦，都是因為內在有很多衝突，我們同時又相信、同時又不相信，所以一邊讀賽斯書，又一邊拼命吃藥。

到目前為止我只有健保，沒有其他保險，留下那些錢給家人也沒什麼意義，我並沒有去預設會怎麼樣，因為這件事不存在於我的腦海中。賽斯說過，腦海中不存在的東西，不會在現實中發生，古早的人類有一個信念：

「現實世界發生的所有事情，一定都是先在想像的世界製造出來。」就像沒有青菜，怎麼炒青菜？意思是說，很多發生在我們身上的事情，都是不知不覺在腦海中不斷預演、排練，濃度到了，現實生活就真的發生。可是，人們尚未認清自己這一部分，這也是接下來所有人要加強的地方。

　　這裡提到的修行方法就是：如果有病在身，就好玩地想像無病一身輕，看見自己在做想要做的事。如果不善與人溝通，想像自己能輕輕鬆鬆地那樣做，例如想像自已演講完，所有人都在鼓掌。如果覺得日子灰暗又無意義，那麼就想像自己過得既充實又愉快，不要把這些當成白日夢，因為先在思想的世界創造出來，在真實世界可能就會實現，這就是我們一直在學的「以心境轉外境」。

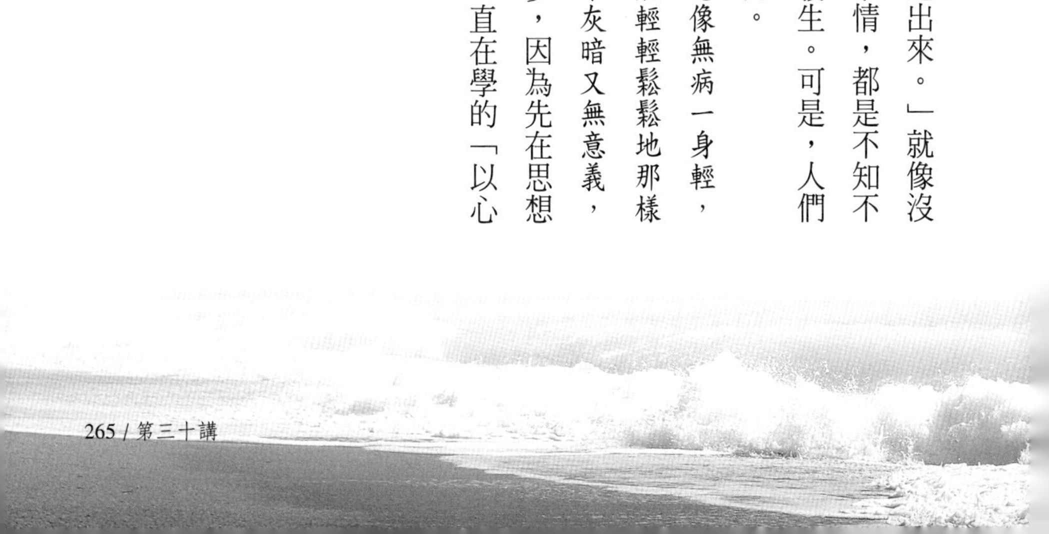

30-7

象徵性行為就是實際上的行為，而實際上的行為也是象徵性行為

Polo 老師分享：「象徵性行為就是實際上的行為，而實際上的行為也是象徵性行為。像想結婚生子的人，可以去看房子或逛嬰兒用品店，可能很快就真的結婚了。有時候象徵性行為就是好玩，玩久了也會成真，做這類練習滿不錯。

「我最近幫一個學生諮商，我叫他要放鬆，鼓勵他想做什麼就去做，不要那麼擔憂課業。過了一個禮拜，他說心裡比較踏實了，可是覺得自己好像誤解我的意思。我問他怎麼一回事，他說之前只蹺兩節課，跟我諮商後蹺了十節課，因為他聽我說的，跟隨衝動，想休息就休息。

「我說：『很好呀！有沒有感覺你真的休息到了？』他說對，我就進一步說：『其實你之前沒有蹺的那八堂課，去了不僅沒休息到，也沒學習到。』後來他也認同。他是家中老么，讀電子工程，父母和兄姐都期待他光耀門楣，他自己也這麼想。但是他不想讀這個科系，一直在抗拒，我請他做個象徵性行為讓自己覺得輕鬆，蹺十堂課和兩堂課的確有點差太多，但在做象徵性行為的過程中，慢慢會去調整。等到第三次來，他說雖然還是不太喜歡，可是比較甘願去念那些書了。」

學員分享：「我最近改變很多，也在玩一些東西，想說如果我教課不收學費，錢會不會越來越多？會不會因此很擔憂金錢？考驗我對金錢的安全感。我挑了一些學生，幾個禮拜不收學費，後來弟媳要生小孩，我又跟媽媽說坐月子的錢我來付，結果開始負債，我一直在請客，請到最後發現繳不出會錢。

「我就跟朋友抱怨說，完蛋了，我太夢幻了，一直玩，最近都沒有錢。我要開始收斂，像 Polo 剛才說的，到最後會慢慢調整，知道怎麼做比較好，有時候興致來了可以不要收斂，但也要跟現實結合。我覺得很好玩。」

我說：「能看到這位學員玩得這麼開心，那些錢花得很有價值。」

30-8

發揮想像力，栩栩如生地想像想成為的自己，那個自己就會出現

基本上，我希望每個人把自己視為摩天輪。先來講個故事，我曾在電影中看到，教堂裡的佈道結束後，會把籃子和奉獻箱拿到教徒面前，請他們捐款，同時會說：「上帝將給你更多。」比如說，奉獻出一百元，上帝可能會給一千元。在捐獻時宇宙會讓人得到更多，其實那也是一種信念。

摩天輪的練習有個很重要的特色：每個人都是流動的現象，比如說，某甲有個自卑、不漂亮、肥胖的自己，她想改變這個自己，可是越想改變，往往越加深了對這個自己的認定，怎麼辦？此時就要假設自己是摩天輪，有另一個她即將出現，因為每個人都有很多可能性的自己。

假設某乙很窮，來問我說要如何才能變得有錢？我的回答很簡單：「你不需要從很窮的自己，變成有錢的自己，只要讓很窮的自己回到內在心靈，然後告訴內在心靈：『有一個很有錢的我，將要變成我。』」

如果某丙現在全身都是病，不要想著：「我要怎麼樣才能讓這個多病的自己變得健康？」而是想：「有一個很健康的我，正等著變成我。」原本的想法是要很辛苦地從這個自己，變成那個自己，可是當我們開始瞭解可能性，知道「我創造我自己的實相」，這時連那個「我」都是元素了。意思是說，有一個日子過得很好、很有錢的我，正等著要變成我，唯一要做的是讓出位置，好讓有錢的我出現，因為他已經存在了，並不是無中生有。

賽斯心法最究竟的地方，在於所有我們想成為的自己早已存在，只要讓那個自己出現。如果某丁現在不快樂，我會說：「拜託這個不快樂的自己不要再鳩佔鵲巢，趕快離開，讓那個快樂的你有機會來變成你吧！」就這麼簡單，整個生命自然而然會改變。

不開心的人，要讓凡事覺得順心的自己出現。自認為沒有才能的人，唯一要做的是讓那個沒有才能的自己，回歸自己的存在，然後讓本來就有才能、有信心的自己出現，就像川劇變臉一樣，根本不需要慢慢改變。

很多人會想力爭上游，改變自己，其實那種做法換湯不換藥，一下子又會故態復萌，回到原來的模式。大家要打破那個模式，讓自己變成流動不羈的現象，我們本來就是現象界的一部分，而現象就是要改變。賽斯也說過，所有人都是在「變為」的狀態，發揮想像力，把我們想成為的自己栩栩如生地想像出來，那個自己就會出現。

請大家運用摩天輪的練習，讓每個自己去輪轉，對於不開心的自己、覺得前途茫茫的自己，連改變都不用改變，讓他回歸，而讓對未來充滿信心的新自己出現，這是個內在的過程。這部分內容很重要，請大家列出一個自己想實現的目標，看看想讓哪一個自己出現，想過什麼樣的生活，開始去改變。

愛的推廣辦法

看完這本書，是否激盪出您內心世界的漣漪？

如果您喜歡我們的出版品，願意贊助給更多朋友們閱讀，下列方式建議給您：

1. 訂購出版品：如果您願意訂購一千本（印刷的最低印量）以上，我們將很樂意以商品「愛的推廣價」（原售價之65折）回饋給您。

2. 贊助行銷推廣費用：如果您認同賽斯文化的理念，願意贊助行銷推廣費用支持我們經營事業，金額達萬元以上者，我們將在下一本新書另闢專頁，標上您的大名以示感謝（每達一萬元以一名稱為限）。

請連絡賽斯文化或財團法人新時代賽斯教育基金會各地分處，我們將盡快為您處理。

●愛的連絡處

如果您認同本書的觀念及內容，想要接受我們的協助；如果您十分認同本書的理念，想依循本書的觀念成為一位助人者的角色；如果您樂見本書理念的推廣，而願意提供精神及實質的協助；請與財團法人新時代賽斯教育基金會各地分處連繫：

●總管理處　電話：02-89789260
E-mail: ho.ad@seth.org.tw
新北市新店區中央五街四十六號二樓

●新店辦事處　電話：02-22197211
E-mail: xindian@seth.org.tw
新北市新店區中央五街四十六號一樓

●台中教育中心　電話：04-22364612　傳真：04-22366503
E-mail: edu10731@seth.org.tw
台中市北區崇德路一段六三一號A棟十樓之一

●台北辦事處　電話：02-25420855
E-mail: taipei@seth.org.tw
台北市中山區長安東路二段四十九號六樓

●新北辦事處　電話：02-26791780
E-mail: xinpei@seth.org.tw
新北市樹林區柑園里學成路四九五號

●新竹辦事處　電話：03-659-0339
E-mail: hsinchu@seth.org.tw
新竹縣竹北市光明六路東二段二一八號

●嘉義辦事處　電話：05-2754886
E-mail: Chiayi@seth.org.tw
嘉義市吳鳳北路三八一號四樓

●台南辦事處　電話：06-2134563
E-mail: tainan@seth.org.tw
台南市中西區開山路二四五號十樓

●高雄辦事處　電話：07-5509312　傳真：07-5509313
E-mail: kaohsiung@seth.org.tw
高雄市左營區明華一路二二一號四樓

●屏東辦事處　電話：08-7212028　傳真：08-7214703
E-mail: pintong@seth.org.tw
屏東市廣東路一二〇巷二號

●賽斯村　電話：03-8764797　傳真：03-8764317
E-mail: sethvillage@seth.org.tw
花蓮縣鳳林鎮鳳凰路三〇〇號

●賽斯ＴＶ　電話：02-28559060
E-mail: sethtv@seth.org.tw
新北市新店區北新路一段二九三號七樓之三

●香港聯絡處　電話：009-852-2398-9810
E-mail: info@seth.hk
香港九龍旺角花園街一二一號利興大樓5字樓D室

●深圳市麥田心靈文化產業有限公司　許添盛微信訂閱號：SETH-CN　微信：chinaseth　電話：86-15712153855

●新加坡　新加坡賽斯基金會籌備處　電話：869-957-652　E-mail: andelynoh@gmail.com

●馬來西亞　賽斯學苑　電話：012-250-7384　E-mail: sethlgm@gmail.com

●澳洲　澳洲賽斯身心靈協會　電話：006-432192377　E-mail: ausethassociation@gmail.com

●台灣身心靈全人健康醫學學會　電話：02-22193379　傳真：02-22197106
E-mail: tshm2075@gmail.com
新北市新店區中央七街二六號四樓

賽斯文化
特約點

台北	佛化人生	台北市羅斯福路3段325號6樓之4	02-23632489
	政大書城台大店	台北市羅斯福路三段301號B1	02-33653118
	水準書局	台北市浦城街1號	02-23645726
中壢	墊腳石中壢店	桃園縣中壢市中正路89號	03-4228851
台中	唯讀書局	台中市北區館前路5號	04-23282380
斗六	新世紀書局	雲林縣斗六市慶生路91號	05-5326207
嘉義	鴻圖書店	嘉義市中山路370號	05-2232080
台南	金典書局	台南市前鋒路143號	06-2742711 ext13
高雄	明儀圖書	高雄市三民區明福街2號	07-3435387
	鳳山大書城	高雄縣鳳山市中山路138號B1	07-7432143
	青年書局	高雄市青年一路141號	07-3324910

依爾達
特約點

台北	SMOR GAFE	台北市中山區吉林路299巷6號1樓	02-2586-0080
	食在自在Spaco Café	台北市大安區羅斯福路二段101巷10號	02-2363-2178
桃園	大湳鴻安藥局	桃園縣八德市介壽路二段368號	03-3669908
	彭春櫻讀書會	桃園縣楊梅市金山街131號7樓	0919-191494
新竹	新竹曼君的店	新竹市東南街96巷46號	035-255003
台中	賽斯興大讀書會	台中市永南街81號	0932-966251
彰化	欣蓮欣香香鍋	彰化縣大村鄉福興村學府路32號	0912-541881
高雄	天然園	高雄市林園區林園北路264號	07-6450406
花蓮	海蒂斯民宿	花蓮縣吉安鄉東海15街80巷19弄40號	0981-855-566
美國	北加州賽斯人	sethbayareagroup@gmail.com	
馬來西亞	賽斯學苑	sethlgm@gmail.com	009-60122507384
	沙登賽斯推廣中心	pc.choo8@yahoo.com	009-0122292686
	檳城賽斯推廣中心	SethPenang@gmail.com	009-60194722938

Seth
遇見賽斯 改變一生

心靈魔法學校 -賽斯教育中心啟建計劃

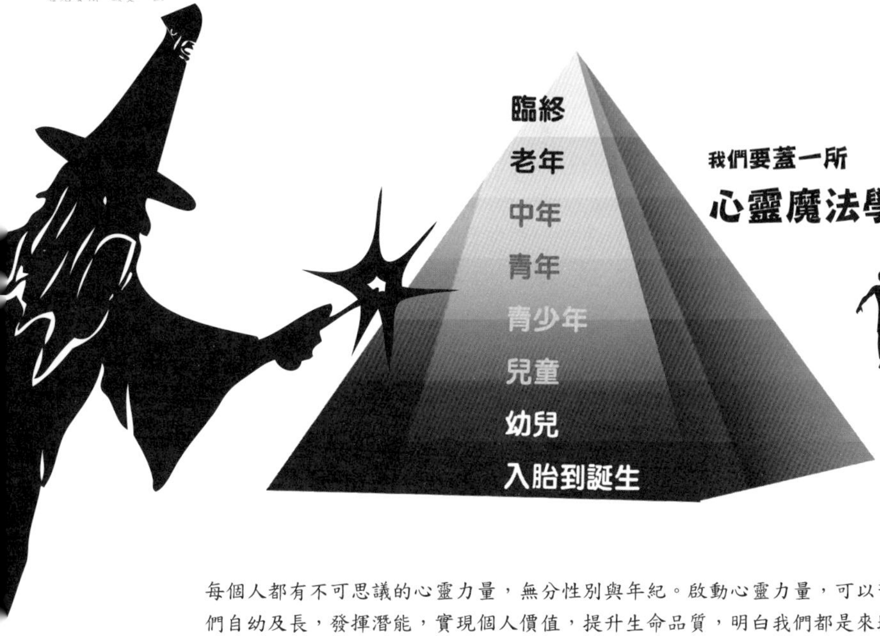

我們要蓋一所

心靈魔法學校囉！

每個人都有不可思議的心靈力量，無分性別與年紀。啟動心靈力量，可以幫助人們自幼及長，發揮潛能，實現個人價值，提升生命品質，明白我們都是來地球出差、旅遊、學習、考察間玩耍的實習神明！

理想

賽斯心靈魔法學校，是基金會實踐心靈教育的具體呈現，整合十幾年來推廣賽斯心法的經驗，精心設計一套完整的人生學習計畫，從入胎、誕生至臨終，象徵人類意識提升的過程。讓賽斯引領每一個人回到心靈的故鄉。

現址

只要每個人一點點的心力，就能共同創造培育『心靈』與『物質』同時豐盛的魔法學校。
第一期建設經費預估四千萬，懇請支持贊助。
賽斯教育中心預定地，設置在台中潭子區，佔地167坪
弘文中學旁邊(中山路三段275巷)

共同創造

賽斯教育中心啟建計畫　贊助專戶
戶名：財團法人新時代賽斯教育基金會
銀行：國泰世華銀行-台中分行(013)
帳號：006-03-500490-2

SethTV 賽斯公益網路電視台 www.SethTV.org.tw

這是一個24小時無國界的學習與成長，連結網路科技，傳播心靈無限祝福的能量！

2016年7月1日 開放了

賽斯公益網路電視台SethTV播映許添盛醫師及賽斯家族推廣的賽斯心法，提供全人類另一種"認識自己"及"認識世界"的新觀點。

打開視野，擴展生命本自具足的愛、智慧、慈悲、創造力與潛能！

邀請您成為賽斯公益網路電視台的「守護者」

共同為人類意識的擴展，美好的未來盡一份心力。

您可以選擇：

1 每月定時贊助

2 自由樂捐

3 成為贊助發起人

每月一百元不嫌少，讓我們匯聚個人的力量，成為轉動世界的能量！！

贊助方式

SethTV專戶

戶名 財團法人新時代賽斯教育基金會

銀行代號 013

國泰世華銀行 台中分行

帳號：006-03-500493-7

現場捐款

(請洽各辦事處)

線上捐款

任何需要進一步說明，請洽 SethTV Email:sethtv@seth.org.tw Tel:02-2855-9060

台灣身心靈全人健康醫學學會*Taiwan Society Of Holistic Medicine*

秉持著推廣身心靈三者合一的新時代賽斯思想健康觀念
培訓具身心靈全人健康思維之醫療人員與全人健康管理師
提升國人身心靈整體醫療照護，創造健康富足的新人生

期望您加入TSHM會員給予實質支持

一、醫護會員：年滿二十歲以上贊同本會宗旨之醫事人員或相關學術研究人員。

二、團體會員：贊同本會宗旨之公私立醫療機構或團體。

三、贊助會員：贊同本會宗旨之個人。

四、學生會員：贊同本會宗旨之大專以上相關科系所之在學學生。

五、認同會員：認同本會宗旨之個人。

感謝您的贊助，讓TSHM推廣得更深更遠
本會捐款專戶：

銀　行：玉山銀行（北新分行）ATM代號：808

帳　號：0901-940-008053

戶　名：社團法人台灣身心靈全人健康醫學學會

服務電話：(02)2219-3379

上班時間：每週一至週五上午10:00至下午6:00

地　　址：231新北市新店區中央七街26號四樓

心情。筆記 Note

心情。筆記
Note

國家圖書館出版品預行編目(CIP)資料

選擇：《個人實相的本質》讀書會. 3 / 許添盛主講；李宜懃文字整理. -- 初版. -- 新北市：賽斯文化, 2020.01
面；　公分. --（賽斯心法：7）
ISBN 978-986-97920-5-9（平裝）

1.超心理學　2.讀書會

175.9　　108021281

每天的生活，都是靈魂的精心創造

You create your own reality.

每天的生活，都是靈魂的精心創造

You create your own reality.